임명장

성 명 _____

위 사람을 하나님의 영광을 위하여

본 교회 _____ 로 임명합니다.

20   년   월   일

교회

목사

설교핸드북
3

평신도를 위한 성경 인물 설교자료

설교핸드북 3

1판 1쇄 발행	2010. 11. 30.
개정판 2쇄 발행	2020. 06. 20.
엮은이	편집부
펴낸이	박성숙
펴낸곳	도서출판 예루살렘
주소	(10252) 경기도 고양시 일산동구 고봉로 776-92 (설문동)
전화ㅣ팩스	031)976-8972 ㅣ 031)976-8974
이메일	jerusalem80@naver.com
출판등록	1980년 5월 24일(제 16-75호)

ISBN 978-89-7210-514-5 03230

정가 8,000원

ⓒ 이 출판물은 저작권법에 의해 보호를 받는 저작물이므로
무단 전재와 복제를 할 수 없습니다.

도서출판 예루살렘은
하나님을 사랑하며 하나님 말씀대로 순종하며 살기를 원하는
청소년, 성도, 목회자들을 문서로 섬기며
이를 위하여 기도하며 정성을 다하여
모든 사역과 책을 기획, 편집, 출판하고 있습니다.

오직 성령이 너희에게 임하시면 너희가 권능을 받고
예루살렘과 온 유대와 사마리아와 땅끝까지 이르러 내 증인이 되리라(행 1:8)

설교핸드북

3

편집부 엮음

머리말

21세기의 급속도로 발달한 물질 문명이 가져다 준 혜택으로 오늘 그리스도인들의 신앙은 점점 나태해지고 안일무사주의와 팽배한 황금만능주의에 물들어 눈에 보이는 행복만을 원하며 만족하고 있습니다. 이런 현실을 예감하신 주님 예수께서는 "인자가 올 때에 세상에서 믿음을 보겠느냐?"(눅 18:8) 하시며 안타깝게 여기셨습니다.

차제에 우리의 신앙을 돈독하게 하기 위해 신구약 성경에 나타난 신앙의 인물 52명을 선정하여 그들의 삶의 발자취를 좇아 오늘의 우리가 신앙적 귀감을 얻고자 이 책을 내어 놓습니다. 어지러운 이 세태 속에서 앞서간 믿음의 선조들의 생애와 사상, 그리고 그들의 신앙을 알아보면서 모든 성도들이 하나님 앞에서 바른 삶을 살아 하나님께서 기뻐하시는 믿음의 성도들이 되시기 바랍니다.

이 책은 개인의 성경연구뿐만 아니라 수요 성서 모임, 새벽 기도회 및 가정 예배, 그리고 구역(속회) 예배와 직장 신우회 예배, 평신도 리더의 성서 공동연구 등의 교재로 사용하셔도 좋도록 꾸몄습니다.

2010년 추수감사절에
대표 편집위원 정 용 한 드림

목 차

- 머리말 ··· 7

- 인류의 시조 아담 [창 3:1~24] ································ 12

- 가인과 아벨 [창 4:1~26] ·· 15

- 하나님과 동행한 에녹 [창 5:21~24] ························ 18

- 방주를 지은 노아 [창 6:9~7:5] ······························· 21

- 믿음의 조상 아브라함 [창 12:1~4] ·························· 24

- 제물로 바쳐진 이삭 [창 22: 1~19] ·························· 27

- 천사와 씨름한 야곱 [창 28:10~22, 32:13~32] ············ 30

- 꿈의 사람 요셉 [창 37:5~11,39:1~23,41:37~46] ········ 33

- 출애굽의 지도자 모세 [출 2:11~15, 3:1~12] ·············· 36

- 기생 라합 [수 2:1~24, 6:22~27] ······························ 39

- 약속의 땅을 정복한 여호수아 [수 1:1~9] ·················· 42

- 300명 군사와 기드온 [삿 7:1~23] ·················· 45
- 장사 삼손 [삿 16:15~31] ······························ 48
- 효부 룻 [룻 1: 1~22, 4:13~17] ····················· 51
- 기도의 사람 사무엘 [삼상 7:5~11, 15:17~24] ········ 54
- 이스라엘의 초대 왕 사울 [삼상 15:17~23] ········· 57
- 성군 다윗 [삼상 17:31~54, 11:1~13, 12: 1~6] ············· 60
- 지혜의 왕 솔로몬 [왕상 3:4~15, 5:13~6:10, 11: 1~13] ··· 63
- 북이스라엘의 악한 왕 아합 [왕상 16:28~33] ········· 66
- 불의 선지자 엘리야 [왕상 17:1~7] ····················· 69
- 남유다의 4대 왕 여호사밧 [왕상 22:41~50] ·········· 72
- 갑절의 영감을 받은 엘리사 [왕하 2:1~14] ············ 75
- 남유다의 10대 왕 웃시야 [대하 26:1~25] ············ 78
- 생명을 연장받은 왕 히스기야 [왕하 18:1~8] ·········· 81
- 종교개혁자 요시야 [왕하 22:1~13] ····················· 84
- 예루살렘 성전을 재건한 느헤미야 [느 1:1~11] ········ 87
- 민족을 구한 에스더 [에 3:1~6] ························ 90

- 의인 욥 [욥 1:1~5] ⋯⋯⋯⋯⋯⋯⋯⋯⋯⋯⋯⋯⋯⋯ 93
- 대선지자 이사야 [사 6:1~8] ⋯⋯⋯⋯⋯⋯⋯⋯⋯⋯⋯ 96
- 눈물의 선지자 예레미야 [렘 1:1~10] ⋯⋯⋯⋯⋯⋯⋯ 99
- 소망의 선지자 에스겔 [겔 1:1~14] ⋯⋯⋯⋯⋯⋯⋯⋯ 102
- 사자굴에 던져졌던 다니엘 [단 1:1~16] ⋯⋯⋯⋯⋯⋯ 105
- 사랑의 선지자 호세아 [호 5:15~6:3] ⋯⋯⋯⋯⋯⋯⋯ 108
- 정의의 선지자 아모스 [암 5:1~15] ⋯⋯⋯⋯⋯⋯⋯⋯ 111
- 니느웨 성을 회개시킨 요나 [욘 1:1~10] ⋯⋯⋯⋯⋯ 114
- 기쁨의 선지자 하박국 [합 3:17~19] ⋯⋯⋯⋯⋯⋯⋯ 117
- 회개를 외친 세례 요한 [마 3:1~12] ⋯⋯⋯⋯⋯⋯⋯ 120
- 예수의 수제자 베드로 [마 16:13~20] ⋯⋯⋯⋯⋯⋯⋯ 123
- 사랑의 사도 요한 [막 1:16~20] ⋯⋯⋯⋯⋯⋯⋯⋯⋯ 126
- 의심 많은 도마 [요 20:4~29] ⋯⋯⋯⋯⋯⋯⋯⋯⋯⋯ 129
- 스승을 넘겨 준 가룟 유다 [요 6:70~71] ⋯⋯⋯⋯⋯ 132
- 신앙으로 인내한 수로보니게 여인 [막 7:25~30] ⋯ 135
- 가버나움의 백부장 [마 8:5~13] ⋯⋯⋯⋯⋯⋯⋯⋯⋯ 138

- **거듭난 세리장 삭개오** [눅 19:1~10] ·················· 141
- **베다니의 삼 남매** [요 12:1~11] ····················· 144
- **수가 성 우물가의 사마리아 여인** [요 4:5~30] ······ 148
- **최초의 순교자 스데반** [행 7:54~60, 6:1~15] ············ 152
- **전도 집사 빌립** [행 8:1~40] ························ 155
- **이방인의 사도 바울** [행 9:1~22] ···················· 158
- **경건한 로마 백부장 고넬료** [행 10:1~17] ············· 162
- **바울의 동역자 의사 누가** [눅 1:1~4] ················ 165
- **복음의 아들 디모데** [딤후 1:1~14] ·················· 168

인류의 시조 아담

[창 3:1~24]

하나님께서 하신 창조에는 질서와 목적이 있었다. 생물을 위해 무생물(빛, 하늘, 땅, 바다, 해, 달 등)을, 고등 생물을 위해 열등 생물(풀, 씨 맺는 채소, 열매 과목 등)을 먼저 만드셨다(창세기 1장). 이렇게 모든 생태 환경을 준비하신 뒤 각종 짐승을 지으시고, 마지막으로 사람을 창조하신 것이다.

첫 사람은 '아담'이다. 아담은 히브리어로 '붉은 흙', '사람'이라는 뜻을 가지고 있다. 또 아담의 갈빗뼈를 취하여 여자를 만들어 돕는 배필로 아담에게 주셨다. 그녀가 바로 '하와'이다(창세기 2장).

그들이 살았던 곳은 에덴 동산으로 물과 꽃과 풀, 온갖 열매가 풍성한 복 있는 땅이었다. 그러나 아담과 하와는 불순종의 죄를 지어 그곳에서 쫓겨나고 만다. 그 후 아담과 하와는 가인과 아벨 등을 낳았고, 아담은 930년 동안 살다 죽었다.

첫째, 하나님의 창조와 축복에 대하여

하나님은 아담을 창조하실 때 하나님 자신의 형상대로 만드셨다. "하나님이 자기 형상 곧 하나님의 형상대로 사람을 창조하시되 남자와 여자를 창조하시고"(창 1:27). 사람이 다른 피조물들과는 달리 하나님의 형상대로 창조됐다는 것은 하나님이 사람에게 특별한 목적을 두셨다는 뜻으로 이해해야 한다.

사람에게는 하나님을 정확히 알고, 하나님께만 영광을 돌려야 하는 역할이 있다. 사람이 만물의 영장이 된 비결은 바로 사람 안에 하나님의 형상이 있다는 것이다.

그러면 '하나님의 형상(Imago Dei)'이란 무엇인가? 이것은

첫째, 하나님을 아는 지식이다. 둘째, 거룩함을 좇아 살려는 도덕을 갖춘 삶이다. 셋째, 자기를 다스릴 줄 아는 분별력이다. 넷째, 사람을 사랑하는 능력이다. 다섯째, 불멸의 존재이다.

하나님은 아담을 창조하실 때 재료로 흙을 사용하셨다. "여호와 하나님이 땅의 흙으로 사람을 지으시고 생기를 그 코에 불어넣으시니 사람이 생령이 되니라"(창 2:7). 사람을 흙으로 만드셨다는 표현에는 사람의 기원의 비천함을 내포하고 있다. 사람은 나약하며, 다시 흙으로 돌아갈 숙명적 존재라는 뜻이 들어 있는 것이다. 하나님은 아담을 창조하시고 복을 주셨다. 생육하고, 번성하며, 땅을 정복하고, 모든 생물을 다스릴 수 있는 복을 주셨다(창 1:28).

둘째, 아담의 범죄에 대하여

1. 마귀의 시험에 빠졌다. "뱀이 여자에게 이르되 너희가 결코 죽지 아니하리라 너희가 그것을 먹는 날에는 너희 눈이 밝아져 하나님과 같이 되어 선악을 알 줄 하나님이 아심이니라"(창 3:4~5). 아마도 아담과 하와의 마음에는 하나님 같이 되고 싶은 욕심이 있었나 보다. 사탄은 그것을 알고 달콤한 유혹거리를 만들어 와 접근했다. 결국 아담과 하와는 허무하게 무너지고 만다. "욕심이 잉태한즉 죄를 낳고 죄가 장성한즉 사망을 낳느니라"(약 1:15).

2. 하나님의 명령을 거역했다. "여호와 하나님이 그 사람에게 명하여 이르시되 동산 각종 나무의 열매는 네가 임의로 먹되 선악을

알게 하는 나무의 열매는 먹지 말라 네가 먹는 날에는 반드시 죽으리라"(창 2:16~17). 하나님이 아담에게 유일하게 금지하신 것은 선악과를 따먹는 일이었다. 아담은 그 한 가지 명령도 지키지 못하고 불순종한 것이다. 불순종은 죄다. 더욱이 아담과 하와는 회개하지 못할망정 서로에게 책임을 미루는 죄까지 저지른다(창 3:12~13).

셋째, 아담 범죄의 결과에 대하여

땅이 저주를 받았다(창 3:17~18). 땀 흘리는 수고를 하게 되었다(창 3:17, 19). 에덴 동산에서 추방되었다(창 3:23). 이 외에도 불안이 생겼고(창 3:18), 다툼과 분쟁이 생겼으며(창 3:12~13), 영육이 죽게 되었다(창 3:19). 아담의 범죄는 아담뿐만 아니라 모든 인류에게까지 미쳐서 모든 인류가 죄의 심판 아래 놓이게 되었다. 모든 사람이 죄의 성향을 타고나게 된 것이다. 이것을 신학적 용어로 원죄라고 한다. 참고로 선을 행할 수 없는 전적인 부패 상태에서 스스로 짓는 죄를 '자범죄'라고 한다.

사람은 하나님의 형상대로 지음받고, 하나님께로부터 만물을 다스리고 지배할 수 있는 복을 받았지만 범죄로 그 권리를 잃었다. 그러나 성도는 우리 죄를 대신해서 죽으신 예수 그리스도를 믿는 믿음 안에서 용서받고 행복을 누릴 수 있게 되었다.

가인과 아벨

[창 4:1~26]

죄를 지어 에덴 동산에서 쫓겨난 아담과 하와는 저주받은 땅에서 가인과 아벨이라는 두 형제를 낳았다. 가인은 히브리어로 '획득', '소유'라는 뜻이다. 창세기 4장 2절에 '농사하는 자'라고 기록된 것으로 보아 그의 직업은 농부였던 것 같다.

아벨은 가인의 동생으로 히브리어의 뜻은 '호흡', '공상', '공허'이다. 그는 양을 치는 목자였다. 둘은 각각 자기 소유로 하나님께 제사를 드렸는데 하나님께서는 아벨의 제사만을 받으셨다. 결국 아벨은 시기심으로 분노한 가인에게 죽임을 당해 인류 최초의 살해 희생자가 되었다.

첫째, 가인의 제사는 어떠했는가?

가인의 제사는 열납되지 못했다. 그 이유는 무엇일까? 가인은 믿음과 순종으로 드리지 않았기 때문이다. "믿음으로 아벨은 가인보다 더 나은 제사를 하나님께 드림으로 의로운 자라 하시는 증거를 얻었으니 하나님이 그 예물에 대하여 증언하심이라 그가 죽었으나 그 믿음으로써 지금도 말하느니라"(히 11:4). "사무엘이 이르되 여호와께서 번제와 다른 제사를 그의 목소리를 청종하는 것을 좋아하심 같이 좋아하시겠나이까 순종이 제사보다 낫고 듣는 것이 숫양의 기름보다 나으니"(삼상 15:22).

우리는 제사보다 먼저 우리 자신을 하나님께 드려야 하며, 하나님이 원하시는 것은 믿음과 순종이라는 사실을 알아야 할 것이다.

가인은 하나님이 내리신 소나 양이나 비둘기 등의 흠 없는 생축으로, 즉 피 흘림으로 제사하라는 명령을 어겼다. 자신이 생산한 땅의 소산물로 제사한 잘못을 한 것이다.

속죄는 피 흘림(히 9:22)으로만 가능하며, 인간의 노력과 수고의 열매로는 하나님 앞에 설 수 없는 것이다. 거기에다가 가인은 자신과 자신의 제물이 열납되지 않자 자신의 허물이나 제물의 결함 등을 찾아 회개하지 않고, 아벨에게 분을 내고 쳐 죽이기까지 했다(창 4:5~8). 살인 후 하나님이 아벨을 찾았을 때에 거짓말로 양심을 속이는 잘못도 범했다(창 4:9).

둘째, 아벨의 제사는 어떠했는가?

1. 아벨은 신앙으로 드렸다. "아벨은 자기도 양의 첫 새끼와 그 기름으로 드렸더니 여호와께서 아벨과 그의 제물은 받으셨으나"(창 4:4). "믿음으로 아벨은 가인보다 더 나은 제사를 하나님께 드림으로 의로운 자라 하시는 증거를 얻었으니 하나님이 그 예물에 대하여 증언하심이라 그가 죽었으나 그 믿음으로써 지금도 말하느니라"(히 11:4). 하나님은 제물에 앞서 아벨의 신앙과 인격을 열납하신 것이다. 아벨은 하나님 앞에 믿음을 가지고 나온 철저한 신본주의 신앙인이었다. "믿음이 없이는 하나님을 기쁘시게 하지 못하나니 하나님께 나아가는 자는 반드시 그가 계신 것과 또한 그가 자기를 찾는 자들에게 상 주시는 이심을 믿어야 할지니라"(히 11:6).

2. 아벨은 하나님의 뜻에 맞는 제사를 드렸다. 하나님이 원하시는 것은 피 흘림의 제사였다. "오직 처음 태어난 소나 처음 태어난 양이

나 처음 태어난 염소는 대속하지 말지니 그것들은 거룩한즉 그 피는 제단에 뿌리고 그 기름은 불살라 여호와께 향기로운 화제로 드릴 것이며"(민 18:17). 아벨은 하나님이 기뻐하시는 것이 무엇인지 생각해서 하나님의 뜻에 순종하는 제사를 드렸던 것이다.

순종의 가장 모범적인 분은 예수 그리스도이시다. 주님은 십자가에 못 박히시기 전 겟세마네 동산에서 철저한 순종의 기도인 "아버지여! 내 뜻대로 마시옵고 아버지의 원대로 하옵소서"라고 하셨다. 아벨은 순종하여 피 흘리는 제사를 드렸으므로 하나님의 뜻에 합당하여 하나님께서는 열납하신 것이다.

우리는 가인과 아벨의 제사를 통해서 하나님은 형식과 방법보다는 제단을 쌓는 자의 마음 자세를 더 중요하게 여기신다는 사실을 살펴보았다. 예나 지금이나 하나님께서는 참된 신앙과 거짓 신앙을 구별하시고 그 행위대로 보응하시는 것이다.

참된 신앙은 여호와를 의뢰하고, 여호와를 기뻐하고, 여호와께 맡기는 생활이다. 우리는 가인과 같이 잘못된 제사를 드린다거나 분내어 마음으로 살인하는 죄를 짓지 말고, 믿음과 순종으로 하나님이 기뻐하시고 하나님의 뜻에 맞는 예배를 드려야 한다. 그래서 하나님이 기뻐하시는 삶을 살아가는 성도들이 되자.

하나님과 동행한 에녹

[창 5:21~24]

성경에는 하나님과 동행했다고 기록된 사람이 두 명 있다. 하나는 노아이며, 다른 하나는 에녹이다. 또한 육신이 죽지 않고 승천한 사람도 두 명인데 엘리야와 에녹이다. 살펴본 것처럼 하나님과 동행하며 육신이 죽지 않고 승천한 사람은 오직 에녹 한 사람뿐이다.

에녹의 이름은 히브리어로 '신임자', '시작한다', '가르친다'의 뜻을 가지고 있다. 셋의 계보에 의하면 에녹은 아담의 7대손이며, 야렛의 아들이고(창 5:18), 세상에서 가장 오래 산 므두셀라(969세)의 아버지이다(창 5:21).

첫째, 하나님과 동행한 에녹

"에녹이 하나님과 동행하더니…"(창 5:24 상) 우리는 이 세상에서 많은 만남을 가지며 산다. 이렇게 많은 만남 중에서 가장 귀한 만남은 하나님과의 만남이다. 우리 일생에 하나님을 만나서 하나님과 동행한다는 것은 참으로 복된 일이다.

에녹과 관계된 성경 구절은 많지 않은데도 '하나님과 동행했다'라는 말이 두 번(창 5:22, 24)이나 기록되어 있다. 모든 사람들이 자기 소견에 좋은 대로 인생을 설계하고 살았지만 에녹만은 하나님과 함께한 생활을 인생의 기쁨과 소망으로 삼았던 것이다.

그러나 하나님과 동행한다는 말을 오해해서는 안 되겠다. 이 말은 세상의 유익이나 관심에서 도피하는 일련의 조치, 즉 금욕 생활이나 명상, 고행 등을 가리키는 것이 아니다. 그렇다면 어떤 생활이 하나님과 동행하는 생활인지 알아 보자.

1. 믿음 생활이다. 이는 하나님의 말씀이 유일한 힘이 되는 생활로서 어린 아이같이 하나님의 부성애를 신뢰하고, 하나님의 신실성을 의심하지 않는 삶을 말한다.

2. 말씀에 순종해서 그의 뜻대로 사는 생활이다. 이는 하나님의 말씀에 철저히 순종함으로써 하나님의 뜻대로 자신을 비우는 것을 말한다. 하나님을 사랑하여 빛처럼 생활하는 것이다. 이 세상이나 세상에 있는 것들을 사랑하지 않고, 죄와 불의에 속한 것을 행하지 않는 삶을 말한다. 하나님과 사귐이 있다 하고 어둠의 생활을 하면 거짓말하는 것이며, 진리대로 행하지 않는 것이 된다(요일 1:6).

둘째, 믿음으로 승천한 에녹

"…하나님이 그를 데려가시므로 세상에 있지 아니하였더라"(창 5:24 하). "믿음으로 에녹은 죽음을 보지 않고 옮겨졌으니 하나님이 그를 옮기심으로 다시 보이지 아니하였느니라…"(히 11:5 상).

창세기 5장 전체에는 아담의 계보가 나열되어 있다. 많은 사람들이 오래 살았지만 에녹은 그들 중에서 가장 적은 365세 밖에 살지 못했다. 그러나 다른 사람들의 삶의 기록은 이름과 '죽었더라' 뿐이다. 그런데 에녹에게는 '옮겨졌다' 는 표현을 했다. 이는 하나님과 동행한 에녹의 믿음 때문이다. 이것은 구속된 후손에 대한 약속을 생생하게 보여주는 것이다.

에녹처럼 사는 사람은 죽음에서 에녹과 차이가 나지 않는다고 본다. 선한 사람의 죽음이 평화스럽고 승리에 찬 것도 옮겨진 생활 때문일 것이다. 우리도 에녹처럼 들려 올림을 받는 복 있는 성도가 되어야겠다.

셋째, 하나님을 기쁘시게 한 에녹

"…그는 옮겨지기 전에 하나님을 기쁘시게 하는 자라 하는 증거를 받았느니라"(히 11:5 하). 사람이 생활하는 데에는 경건하고 신실한 형식도 필요하지만 그 어떤 의식보다 더 필요한 것은 하나님을 기쁘시게 하는 일이다. 보이지 않게 드러나지 않게 일한다 할지라도, 머리가 되지 못하고 꼬리가 된다 할지라도 하나님을 기쁘시게 할 수만 있다면 그 자체가 값진 인생임을 잊지 말아야 한다.

우리는 에녹처럼 하나님과 동행하고, 신실한 믿음과 기쁘시게 하는 삶을 살아서 이 땅에서 하나님께 영광을 돌리고, 영생에 들어가는 복 있는 성도가 되자.

방주를 지은 노아

[창 6:9~7:5]

노아는 아담의 10대 손이며, 에녹의 증손이다. 노아의 아버지는 라멕이고 노아의 아들은 셈, 함, 야벳이다. 노아는 히브리어로 '위로', '안식'이라는 뜻이다. 노아는 480세가 되던 해에 홍수를 대비하여 방주를 지으라는 하나님의 명령에 따라 120년 간 배를 만들었다(창 6:13~22). 그 결과 노아의 가족 8명(노아, 아내, 아들 셋, 며느리 셋)만이 생명을 건졌다(창 7~8장). 노아는 홍수 후에 350년간 더 살고 950세에 죽었다(창 9:28).

첫째, 노아 시대의 세상 모습

1. 노아 시대는 한마디로 심히 부패한 시대였다. "여호와께서 사람의 죄악이 세상에 가득함과 그의 마음으로 생각하는 모든 계획이 항상 악할 뿐임을 보시고 땅 위에 사람 지으셨음을 한탄하사 마음에 근심하시고"(창 6:5~6). 하나님께서 천지를 창조하실 때 '보시고 심히 좋았더라' 하셨는데 노아 시대에 이르러서는 인간이 저지른 죄악 때문에 탄식과 후회로 바뀌고 말았다.

2. 도덕이 문란한 시대였다. "하나님의 아들들이 사람의 딸들의 아름다움을 보고 자기들이 좋아하는 모든 여자를 아내로 삼는지라"(창 6:2). 하나님을 섬기는 셋의 자손들이 하나님을 섬기지 않아 범죄를 일삼는 가인의 자손들과 결합한 것이다.

3. 정신이 타락한 시대였다. 사람들의 마음과 생각, 세우는 계획

이 모두 악했다(창 6:5). 마음이 악하면 그것이 겉으로 나와 더러운 행위를 하게 되기에 우리는 지켜야 하는 모든 것 중에서 가장 먼저 마음을 지켜야 한다(잠 4:23).

4. 파괴적이고 불의가 가득한 시대였다. "그 때에 온 땅이 하나님 앞에 부패하여 포악함이 땅에 가득한지라"(창 6:11). 노아 당시에는 불의와 싸움만이 가득했다. 이는 모든 사람이 하나님을 경외하지 않았기 때문이다. 그런 시대에 노아는 의를 지켜서 하나님께로부터 은혜를 입고(창 6:8), 인정받고, 복을 받는 자가 될 수 있었다.

둘째, 은혜를 입은 노아

노아는 어떤 사람이었기에 은혜를 입었으며, 방주를 짓는 하나님의 뜻을 믿음으로 실행할 수 있었는지 알아보자.

1. 노아는 의인이었다. "…노아는 의인이요…"(창 6:9). 당시 모든 사람들은 죄를 짓는 생활을 하고 있었으나 노아만은 의롭게 살고 있었던 것이다. 우리도 예수를 믿음으로 의로운 자가 되어야 한다(롬 3:22).

2. 노아는 완전한 자였다. "…당대에 완전한 자라…"(창 6:9). 완전하다는 뜻은 죄를 전혀 짓지 않았다가 아니라 신앙생활을 성실하게 했다는 말이다. 모든 사람들이 다 어긋나게 살 때에 하나님을 믿는 믿음 위에 홀로 선다는 것은 쉽지 않은 일이다. 우리는 어떤 상황에서도 믿음에 완전한 자가 되자. "그러므로 하늘에 계신 너희 아버지의 온전하심과 같이 너희도 온전하라"(마 5:48).

3. 노아는 하나님과 동행한 자였다. 노아는 언제나 하나님을 경외하고, 하나님과 교통하고, 하나님의 뜻을 알려 하고, 정직하게 행동

한 것이다(창 6:9).

4. 믿음으로 하나님의 지시에 순종한 자였다. "노아가 그와 같이 하여 하나님이 자기에게 명하신 대로 다 준행하였더라"(창 6:22). 방주를 짓는다는 것은 어려운 일이었다. 사람들이 비웃었고, 많은 돈이 필요했고, 오랜 시간이 걸리고, 심한 노동이 계속됐다. 그러나 노아는 믿음으로 하나님의 홍수 심판에 예비했다(히 11:7).

노아는 지시하신 대로 일점일획도 가감하지 않고 거대한 방주(길이 300규빗, 넓이 50규빗-1규빗을 약 45cm로 계산했을 때 배의 크기는 약 4,300톤으로 추정됨)를 만들었다. 가히 순종의 사람이라고 말하기에 조금도 부족하지 않은 사람이었다.

하나님은 예정하신 대로 40일 동안 밤낮으로 비를 내리셨다. 결국 모든 사람이 다 멸망했지만 홍수를 예비하고 방주를 지은 방주 안에 있었던 여덟 식구는 구원을 받았다. 의인은 구원받고 악인은 심판받는 것이 하나님의 공의시다.

세상이 패역해지고 종말이 가까이 오는 이 때에 우리도 그리스도의 재림을 예비하며 노아와 같이 경건한 신앙생활을 해야 한다. 노아가 방주로 들어오라고 사람들에게 호소했듯이 우리도 이 악한 세대에 가정과 이웃과 세계에 복음을 전하고 방주인 교회로 인도하여 구원해야 한다.

믿음의 조상 아브라함

[창 12:1~4]

아브라함은 히브리어로 '많은 무리의 아버지', '열국의 아버지' 라는 뜻이다. 그의 이름은 본래 아브람이었는데 그 의미는 '고귀한 아버지', '큰 아버지'이다. 이것은 아브라함을 믿음의 조상으로 삼으신 하나님께서 '아브람'에서 '아브라함'으로 개명해 주신 것이다 (창 17:5).

아브라함의 부친은 데라이며, 아우는 나홀과 하란이다. 아브라함은 노아의 12대 손으로 홍수 후 300년경, 곧 B.C. 2,000년경에 유프라테스 강 서편 갈대아 우르에서 출생했다. 그의 아내는 사래(후에 사라로 바뀜)이고, 아들은 이삭이다. 아브라함은 셈 계통의 후손이며, 아담의 혈통에서 태어났으며, 하나님의 부르심을 받아 최초의 히브리인이 되었다.

그는 예언을 하거나 책을 쓴 적도, 율법을 만든 일도 없다. 그러나 하나님의 주권적인 의지에 의해 아브라함은 선택되었고, 하나님의 무조건적인 언약의 상속인으로 선별되었다.

첫째, 하나님의 부르심을 받았다.

믿음의 조상이라고 불리는 아브라함은 바빌로니아 지역인 '우르'에서 살았다. 학자들은 '우르(Ur)'라는 이름이 '빛' '불'이라는 뜻으로, 불(火)을 숭배하는 우상 종교의 의식에서 생겨난 말로 추정하고 있다. 노아와 아브라함 사이의 중간 시대에 바벨탑을 쌓은 기록이 있다(창 11:1~9). 그 때에 달과 별을 숭배하는 우상 종교가 시작되었고, 아브라함 때에 이르러 굉장히 성행했던 모양이다.

"…곧 아브라함의 아버지 나홀의 아버지 데라가 강 저쪽에 거주하여 다른 신들을 섬겼으나 내가 너희의 조상 아브라함을 강 저 쪽에서 이끌어 내어…"(수 24:2~3). 아브라함의 가정도 예외는 아니어서 우상을 섬겼던 것 같다. 하나님은 이런 상태에 있는 아브라함을 부르셔서 구원의 역사를 시작하셨던 것이다. 데라가 우르를 떠나 가나안 땅으로 가려다가 하란에 머물러 있을 때 하나님이 아브람에게 말씀하셨다. "…너는 너의 고향과 친척과 아버지의 집을 떠나 내가 네게 보여 줄 땅으로 가라"(창 12:1).

본문에서 주는 교훈은 아브라함은 오직 하나님의 은혜로 부르심을 받았다는 점이다. 아브라함은 하나님께서 택하실 만한 아무런 조건을 갖추지 못한 사람이었다. 그러나 그는 택함을 받았다. 우리도 마찬가지다. 우리에게 구원받을 만한 자격이 있는 게 아니라 하나님의 전적인 은혜로 구원받을 수 있었던 것이다.

둘째, 본받아야 할 신앙은 어떤 점인가?

1. 그는 순종의 사람이었다. 하나님이 하란을 떠나라고 했을 때 아브라함은 나이 75세의 노인이었다(창 12:4). 또 갈 바를 알지 못한 상황에 있었다(히 11:8). 그러나 아브라함은 정든 고향과 친척에게서 과감하게 떠남으로 하나님께 절대 순종하는 모습을 보여 줬다. 또 100세에 얻은 사랑하는 독자 이삭을 바치라는 명령(창 22:1~19)에 순종하여 이삭을 제물로 바치려 하였다.

2. 그는 믿음의 사람이었다. 하나님이 100세에 아들을 주시겠다

고 하셨을 때 믿음으로 받아들였다(창 15:1~6). 하나님의 명령에 대한 아브라함의 순종은 모두 믿음에서 나왔다(히 11:8). 그는 하나님께서 약속하신 복을 모두 믿었다. "…아브라함이 하나님을 믿으매 그것이 그에게 의로 여겨진 바 되었느니라"(롬 4:3). "아브라함이 바랄 수 없는 중에 바라고 믿었으니…"(롬 4:18). 아브라함은 믿음으로 일관한 신앙인이었다.

3. 그는 양보의 사람이었다. 조카 롯이 아브라함에게서 떠나려고 했을 때에 롯에게 선택권을 먼저 주었다(창 13:9). 아들과 같은 롯이 떠나려고 했을 때에 그의 마음이 오죽 아팠겠는가. 그럼에도 더 좋은 것을 가지려는 철없는 롯에게 모든 것을 양보하는 아름답고 화목하게 하는 모습을 보여 준 것이다. 후에 잘못한 결정으로 인해 어려움에 처한 롯을 구해 주기까지 한다.

그 외에도 아브라함은 가는 곳마다 제단을 쌓았고, 율법의 규정이 있기 전에 이미 십일조를 드리는 믿음의 본을 보여 주었다. 우리도 철저한 순종과 믿음의 조상이라는 평가를 받을 만한 믿음 있고 양보하는 삶을 살아야겠다.

아브라함에게 복을 주시겠다고 약속하신(창 12:2~3) 하나님은 그 약속을 이루어 주셨다. 아브라함을 믿음의 조상, 민족의 아버지로 세우셨으며, 그에게서 약속의 씨인 예수 그리스가 태어나게 하신 것이다. 우리도 아브라함을 본받아 어떠한 환경도 믿음으로 극복하고 복을 받는 성도가 되자.

제물로 바쳐진 이삭

[창 22: 1~19]

이삭은 아브라함과 사라의 아들이다. 그가 태어났을 때 아브라함의 나이는 100세였으며, 사라의 나이는 90세였다(창 17:17, 17:21, 21:5). 사라가 아들을 낳게 될 것이라는 약속을 받았을 때 아브라함은 웃었다(창 17:17~19). 사라 역시 웃었다(창 18:10~15). 이삭이 태어났을 때 사라는 기뻐하며 말하기를 "하나님이 나를 웃게 하시니 듣는 자가 다 나와 함께 웃으리로다"라고 했다(창 21:6). 그래서 '이삭'이라는 이름은 히브리어로 '웃음', '웃고 있는 자'라는 의미를 지니고 있다. 이삭은 아브라함, 야곱, 요셉 등 4대 족장 중에서 가장 오래 살았다(180세). 그러나 그에 대한 기록은 거의 없을 정도로 짧다. 그것은 그의 일생이 평탄했음을 나타내 주는 것이라고 할 수 있다.

첫째, 제물이 된 이삭

100세에 얻은 아들 이삭은 하나님이 주시기로 약속한 선물이자 아브라함에게는 생명보다 귀한 독자였다. 그러나 하나님은 아브라함을 시험하여 모리아 땅으로 가 이삭을 번제로 드리라고 했다. 이에 아브라함은 순종하여 이삭을 번제로 드리려 모리아 산으로 갔다. 우리는 이 부분에서 제물이 될 이삭의 신앙 자세를 주목해야 한다.

여정 중에 이삭은 의문을 갖게 되었다. 번제 드리는 데는 양이 필요한데 양이 없는 점이 이상했던 것이다. 이삭이 아버지께 물었다. "내 아버지여, 불과 나무는 있는데 번제할 어린 양은 어디에 있습니까?' 아브라함이 답했다. "하나님이 자신을 위하여 직접 준비하실 것이다." 그러나 막상 모리아 산에 도착하자 아브라함은 이삭을 묶어 단 위에 놓고 제물로 삼아 죽이려고 했다. 그 때 이삭은 어떻게 반응했는가? 반항이나 저주하는 소리, 애원 등의 저항을 하지 않고 순순히 받아들였다. 순종한 것이다. 우리는 상상하기도 어려운 놀라운 순종의 모습을 보여 준 것이다.

둘째, 기도의 사람 이삭

그는 기도의 사람이었다. "이삭이 저물 때에 들에 나가 묵상하다가…"(창 24:63). "이삭이 그의 아내가 임신하지 못하므로 그를 위하여 여호와께 간구하매…"(창 25:21). "이삭이 그 곳에 제단을 쌓고 여호와의 이름을 부르며 거기 장막을 쳤더니…"(창 26:25). 이 말씀 중에서 잉태하지 못한 아내를 위해 기도하는 이삭의 모습을 살펴보자.

이삭은 20년 동안 자식 없이 지냈다(40세에 결혼하여 60세에 야곱과 에서를 낳았다). 하나님이 아브라함에게 약속하셨던 '하늘의 별과 땅의 티끌과 같이 번성해 나가는 축복'을 생각하면 아내의 불임은 이삭에게는 더할 나위 없는 시험이었다. 더욱이 배 다른 형인 이스마엘은 벌써 아들만 열둘을 두어 12 방백을 이루고 있었다(창 25:16).

이는 하나님의 약속을 버리고, 저주하며, 불신앙을 가질 만한 상황이었다. 그러나 이삭은 불평과 저주 대신 기도를 택했다. 그리고 그렇게 기다려 왔던 자녀를 얻었다. 하나님의 약속을 믿고 오랫동안 기도한 열매를 맛본 것이다. "너희에게 인내가 필요함은 너희가 하나님의 뜻을 행한 후에 약속하신 것을 받기 위함이라"(히 10:36).

우리도 눈앞의 이익에만 급급해 하고, 선함이 이기는 때를 기다리지 못하는 얄팍한 신앙에서 벗어나 인내하며, 약속을 믿으며, 기도하는 복 있는 성도가 되자.

셋째, 화목의 사람 이삭

이삭이 남긴 신앙의 본은 가는 곳마다 우물을 팠다는 사실이다. 이삭은 일곱 번이나 우물을 팠다(창 26:17~19, 21~22, 25, 32). 우물을 많이 판 이유는 이삭을 시기하는 무리와의 다툼 때문이었다. 이삭이 우물을 파서 물을 얻으면 이 무리는 어김없이 찾아와 분쟁을 일으켰다. 그러나 이삭은 아무와도 다투지 않고 우물을 넘겨주었다. 그리고 다른 곳에서 새로 우물을 팠다. 싸울 힘이 없어서가 아니었다. 이삭의 부대는 아비멜렉 왕보다 더 강성했다(창 26:16). 그러나 이삭은 싸우지 않았다.

늘 양보하는 이삭에게 하나님은 복을 주셔 계속 새로운 샘물을 얻게 하셨다. 마침내 아비멜렉도 이삭을 시기하는 일이 헛됨을 알고 찾아와 화해를 청했다. 자신의 군대 장관과 함께 찾아와 무릎을 꿇은 것이다. 이삭은 그들을 꾸짖거나 거만한 모습으로 대하지 않았다. 오히려 잔치를 베풀었다(창 26:30). 이삭은 악을 선으로 갚은 모범적인 인물이다.

이삭은 족장들 중에 가장 짧고 단순하며 평범한 삶을 살았다. 그러나 그의 순종하는 태도와 묵상하는 신앙과 화목하게 하는 삶은 누구나 본받아야 할 만큼 깊이가 있었다. 우리도 자신을 드러내는 일에 열중하지 말고 묵묵히 맡은 바 일을 감당하는 듬직한 성도가 되어야겠다.

천사와 씨름한 야곱

[창 28:10~22, 32:13~32]

야곱은 아버지 이삭이 하나님께 기도하여 얻은 쌍둥이 아들 중 동생이다. 태어날 때 형 에서의 발꿈치를 잡았다고 해서 야곱이라는 이름을 얻었다. 야곱은 히브리어로 '발꿈치를 잡다', '속이다', '앞지르다', '약탈자'라는 의미를 가지고 있다. 야곱은 파란만장한 시련과 고난의 인생을 살았으며, 또 우리에게 훌륭한 신앙의 인물로 부각된 이스라엘이라는 칭호를 받은 자이다.

첫째, 긴 시련의 여정

1. 장자권 획득(창 25:27~34) : 쌍둥이로 태어난 에서와 야곱은 자라면서 그 성격과 행동이 판이하게 달랐다. "그 아이들이 장성하매 에서는 익숙한 사냥꾼이었으므로 들사람이 되고 야곱은 조용한 사람이었으므로 장막에 거주하니"(창 25:27). 에서는 남성적이고, 야곱은 여성적이며 내성적인 사람이었다. 그러나 야곱은 자신의 목적을 달성하기 위해서는 수단과 방법을 가리지 않는 자였다. 에서의 허기를 이용해 팥죽으로 장자권을 얻었고, 어머니 리브가와 공모하여 이삭이 장자에게 주는 축복을 가로채기까지 한 사람이다. 야곱의 뜻인 '약탈자'에 걸맞은 행동이다.

2. 벧엘에서의 축복(창 28:1~22) : 고향 브엘세바에서 밧단아람 땅 하란까지는 장장 1,500리의 먼 길이었다. 몇 날 며칠을 길에서 자야 하는 여정이었다. 여정 중 한 곳에 이르러 해가 졌고, 야곱은 돌로 베

개를 하고 그대로 잠들었다. 잠자던 중 꿈을 꾸게 되었고, 꿈속에서 하나님이 복을 주시겠다는 약속을 받는다(창 28:12~22). 야곱은 잠에서 깨자 돌베개 위에 기름을 붓고 그 곳을 벧엘(하나님의 집)이라고 불렀다. 그리고 십일조를 드리겠다는 약속을 하고 다시 길을 떠난다.

3. 하란에서의 야곱(창 29~31장) : 야곱은 그가 심은 것을 거두기 시작한다(갈 6:7). 라헬을 아내로 얻기 위해 7년간 일했지만 라반은 그에게 레아를 주며 관습이라고 변명한다(창 29:26). 야곱은 라헬을 위해 다시 7년을 더 일한다. 라헬을 얻기 위해 일한 14년을 합하면 20년 동안 밤낮으로 더위와 추위를 참고 살았던 것이다. 그리고 아버지와 형을 속였던 그가 오히려 삼촌에게 열 번이나 속임을 당하기도 했다(창 31:41).

둘째, 천사와 씨름한 야곱

야곱은 네 아내와 열두 아들, 그리고 수많은 육축을 거느리고 고향 가나안으로 되돌아오게 된다. 그러나 형 에서를 생각하자 20년 전 분노에 치를 떨던 형의 모습이 떠올라 두려움에 휩싸인다. 그래서 하나님께 도움을 간청한다.

야곱은 얍복 강 건너로 가족들을 먼저 보내고 홀로 남아 환도뼈가 부러질 때까지 신비한 방문자와 씨름을 한다(창 32:24~25). 야곱은 하나님밖에 의지할 데가 없었던 것이다. "그가 이르되 날이 새려하니 나로 가게 하라 야곱이 이르되 당신이 내게 축복하지 아니하면 가게 하지 아니하겠나이다"(창 32:26).

결국 그는 '야곱' 이라는 이름에서 '이스라엘(하나님과 겨루어

이김)'이라는 이름으로 개명을 받고 복을 주시겠다는 하나님의 약속 또한 받는다. 남을 속이기만 하던 야곱이 여러 고통과 시련을 겪으면서 하나님을 의지하게 되고, 결국 복 있는 사람 '이스라엘'로 변화된 것이다. 야곱의 변화된 모습은 분노로 이글거리던 에서의 마음도 변화시켜 형제는 울며 서로의 안부를 묻는 화목한 재회의 장면을 연출한다.

우리는 나의 환도뼈로 살고 있지는 않은지? 그렇다면 우리는 빨리 나의 환도뼈가 아니라 '오직 하나님만'이라는 믿음으로 전환해야 한다. 얼마만큼 하나님을 의지하는가? 참으로 하나님의 복이 없으면 안 된다는 것을 믿고 기도하며, 섬기며 살고 있는가를 점검해 보자.

야곱의 열두 아들에게서 이스라엘 나라의 12 지파가 시작되었으니(창 29:32~30:24), 야곱은 그의 고백대로 험악한 세월을 보냈으나(창 47:7~10) 복 받은 사람임에 분명하다. 우리가 야곱에게서 배워야 할 바는 무엇인가?

야곱과 같이 깨져야 한다. 자신의 고집, 지혜, 거기서 파생하는 교만, 이기심을 붙들고 있으면 하나님은 우리를 쳐다보지도 않으실 것이다. 우리는 하나님의 인도하심에 순종하여 정직과 성실로서 살아야 한다. 심는 대로 거두는 신앙의 원칙을 깨닫자. 고난과 어려움이 닥쳐와도 낙심하지 말고 사랑의 채찍으로 알고 주님만 의지하고 주께만 호소하여 꼭 응답받는 성도가 되어야겠다.

꿈의 사람 요셉

[창 37:5~11, 39:1~23, 41:37~46]

요셉은 히브리어로 '더하기를 원한다', '그(여호와)가 더 하신 다'라는 의미이다. 창세기 37장부터 끝장까지는 야곱의 가족들에 대해 설명하고 있지만 그들 중 핵심 인물은 바로 요셉이다. 그 어느 족장보다도 많은 얘기를 그에게 할애한 것은 그가 선하고 위대한 삶을 살았으며, 성경 안에서 그만큼 인격적 면에서 경험적 면에서 그리스도를 닮은 자가 없기 때문이다.

첫째, 꿈의 사람 요셉

요셉은 꿈이 많았다. 그의 꿈은 장차 모든 형제를 자기가 다스리게 될 것이라는 내용이었다(창 37:5~11). 뿐만 아니라 세상을 다스리는 위치에 오르는 꿈도 꾸곤 했다. 그래서 형들로부터 미움을 받았고, '꿈꾸는 자'라는 별명까지 얻게 되었다(창 37:19).

그러나 요셉의 꿈은 이루어진다. 하나님께서는 성도 각자에게 합당한 꿈을 주신다. 그런데 우리가 꿈이 이루어지지 않는다고 불평하는 것은 왜일까? 첫째, 합당한 꿈을 꾸지 않았다는 데 있다. 잘못된 꿈, 남의 꿈을 꾸지 않았는지 살펴볼 필요가 있다. 둘째, 하나님께 기도하지 않고 노력도 하지 않고 이루어지기만을 나태하게 바라고 있을 수도 있다. 셋째, 이루어졌는데 깨닫지 못한 경우이다. 믿음 안에서 꿈을 갖고 인내로 이루어가는 성도가 돼야겠다.

둘째, 시련을 당하는 요셉

믿음 안에서 꿈을 갖고 사는 사람에게 그 꿈이 실현되는 과정에서 고난과 시련이 따르게 마련이다. 요셉의 첫 시련은 형들로부터 미움을 산 것이다(창 37:20). 그래서 형들은 요셉을 죽이려고 깊은 웅덩이에 빠뜨렸다. 르우벤의 제의로 간신히 건짐을 받았지만 다시 이스마엘 노예 상인들에게 은 20에 팔려 애굽으로 가게 된다(창 37:28). 불과 17세의 어린 나이에 말이다.

애굽에서는 친위대장 보디발의 종으로 일하게 된다(창 39:1). 요셉은 꿈을 버리지 않고 묵묵하고 성실하게 일했다. 결국 보디발에게 인정을 받아 보디발의 아내 외에는 아무것도 금하지 않는 자리에 오르게 되었다. 그러나 보디발의 아내가 유혹하기 시작했다. 죄악을 끝까지 거절한 요셉을 보디발의 아내는 원한을 품고 누명을 씌워 감옥으로 보냈다(창 39:7~23). 어린 요셉은 여기서 지칠 만도 했다. 그러나 하나님의 손길이 함께하여 요셉에게 해몽할 수 있는 지혜를 주신다(창 8:16~23, 40:8). 이에 요셉은 그 지혜로 술 맡은 관원장의 꿈을 해석하여 나중에 풀려나게 된다. 요셉이 시련 가운데서도 승리한 비밀은 어디에 있는가?

1. 하나님만 믿는 믿음을 가졌다. 좋으신 하나님은 자신에게 좋은 것을 약속하셨고, 신실하고 지혜와 능력이 무한하신 하나님은 약속을 반드시 지키신다고 확신했던 것이다.

2. 하나님께서 싫어하시는 죄를 피했다. 보디발의 아내가 유혹했을 때 그는 "내가 어찌 이 큰 악을 행하여 하나님께 죄를 지으리이까"(창 39:9) 하며 피했던 것이다.

3. 그는 끝까지 인내했다. 억울해도 자신의 힘으로 원수를 갚으려

하지 않고 끝까지 하나님의 인도를 바라고 참았다. 하나님께 소망을 둔 자는 모든 일에 인내한다.

셋째, 꿈을 이룬 요셉

술 맡은 관원장이 풀려난 지 2년째 되는 해에 애굽의 왕 바로는 이상한 꿈을 꾼다. 그러나 아무도 그 꿈을 해석하지 못해 궁중은 번뇌에 휩싸인다. 그 때 술 맡은 관원장이 2년 전의 요셉을 생각해 내고 그로 하여금 꿈을 해석하게 한다.

꿈의 해석인즉 7년 동안 풍년이 든 뒤에 바로 7년 동안 흉년이 들 것이라는 내용이었다(창 41장). 바로는 그 해몽에 만족하고 요셉을 총리대신의 자리에 앉힌다. 요셉의 나이 30세, 실로 13년 동안의 고난과 시련이 끝나는 순간이었다. 죽음의 고비를 넘기고, 종살이하고, 옥살이하던 험악한 세월이 마감된 것이다.

요셉으로 말미암아 아버지와 형제들은 기근 중에 목숨을 건지게 된다. 결국 요셉은 바로와 아버지, 형제들에게 높임을 받는다(창 42~45장). 나아가 요셉은 이스라엘이 애굽에서 자리를 잡아 민족을 이루게 하려는, 거대한 하나님의 섭리를 이루게 하는 중요한 역할을 충실히 수행한 자가 되었다.

하나님의 약속은 틀림이 없다. 신실하다(마 24:35). 하나님은 그의 약속을 믿는 자를 반드시 성공하게 하신다. 우리는 하나님을 향한 믿음과 꿈을 갖고 시련과 고난에도 꿋꿋하게 앞으로 나아가자(시 37:3~5).

출애굽의 지도자 모세

[출 2:11~15, 3:1~12]

모세는 이스라엘 민족을 애굽에서 이끌고 나온 이스라엘 역사상 가장 위대한 지도자이다. 모세라는 이름의 히브리어는 '물에서 건져냄', '끌어내다' 라는 뜻이 있다. 애굽 공주의 양자로 자라난 모세는 애굽 궁중에서 자랐기에 당대의 가장 수준 높은 교육을 받고 자랄 수 있었다. 그러나 그는 화려한 궁중 생활 속에서도 자신이 히브리 사람임을 잊지 않고 있었다.

첫째, 하나님의 부르심을 받은 모세

애굽 궁중에서 순탄하게 장성한 모세에게 역경이 시작된다. 애굽인에게 박해받는 동족을 구하려고 애굽인을 죽이고, 그 일로 인해 기약 없는 도망자 생활을 하게 된 것이다(창 2:11~15).

도피 생활 끝에 미디안에 정착한 모세는 양을 치며 하루하루를 보낸다. 어느 날, 하나님께서 그런 모세에게 나타나셨다. 호렙 산 떨기나무 불꽃 안에서 모세를 부르신 것이다(출 3:2). 그리고 어마어마한 사명을 주셨다. "이제 내가 너를 바로에게 보내어 너에게 내 백성 이스라엘 자손을 애굽에서 인도하여 내게 하리라"(출 3:10).

그 부르심에 모세는 당황했다. 모세는 더 이상 애굽의 왕자가 아닌 양을 치는 평범한 신분이었고, 궁중에서 40년, 광야에서 40년의 삶을 보낸 80세의 노인이었기 때문이다. 당연히 자신은 감당할 수 없다며 완강히 거부했다. 그러나 하나님은 연약하고 인간적인 모세에게 차근차근 하나님의 능력을 보여 주셨다(출 3:11~14, 출 4:1~12 꼭 읽으시기를…). 결국 모세는 하나님께 굴복하고 그 뜻에 따르게 된다.

하나님은 오늘날 우리에게도 하나님의 기쁘신 뜻을 위하여 소원을 두고 부르셔서 행하게 하신다(빌 2:13). 하나님은 우리에게 사명과 함께 지혜와 능력을 주시고 항상 함께 하겠다는 소망을 주신다.

둘째, 백성을 인도해 낸 모세

하나님의 부르심을 받은 모세는 아론과 함께 애굽으로 갔다(출 4:19~31). 바로를 만났고(출 5장), 바로와 논쟁을 벌이며 자기가 이스라엘 백성을 인도할 사명자임을 전했다(출 6장). 그러나 바로는 마음이 강퍅해져 모세의 말을 듣지 않았고, 결국 하나님께서 큰 재앙을 내리셔서 하나님의 능력과 거룩함을 나타내시게 된다(출 7~11장).

바로는 열 가지 재앙 중 마지막인 첫 새끼가 죽임을 당하는 재앙을 받고서야 이스라엘 백성을 풀어 준다(출 12:29~32). 모세는 우여곡절 끝에 홍해를 건넜고(출 13~14장), 광야에서 불기둥과 구름기둥의 인도를 받으며(출 14:20~22) 40년간의 긴 여정에 들어간다.

이스라엘은 40년 동안 하나님의 은혜로 만나와 메추라기를 먹고(출 16:4, 13, 35), 반석에서 나온 물(출 17:1~7), 쓴 물이 변한 단 물(출 15:22~27)을 마시며 살았다. 또 시내산에서 율법을 받았고(출 19~24장), 성막의 모형도 보았다(출 25~31장). 이렇게 40년의 긴 세월 동안 백성을 인도한 모세는 과연 어떤 힘으로 이 어마어마한 사명을 감당할 수 있었을까?

1. 모세는 하나님 말씀에 철저히 순종했다. 모세에게는 광야라서

일어나는 자연 현상의 어려운 일들 외에도 백성들의 원망과 불평, 적과의 싸움 등이 기다리고 있었다. 그 때마다 모세는 말씀에 순종하여 먹이고(출 16:4), 다스리고(출 32~34장), 진행했다. 위대한 지도자는 하나님께 철저히 순종하는 자다. 하나님께서는 순종할 때 힘과 지혜와 용기를 주신다.

2. 모세는 백성들을 위해 기도했다. 백성들이 하나님 앞에서 범죄하고 불순종할 때마다 백성들을 위해 기도하고 용서를 구했다. "모세가 여호와께로 다시 나아가 여짜오되… 그러나 이제 그들의 죄를 사하시옵소서 그렇지 아니하시오면 원하건대 주께서 기록하신 책에서 내 이름을 지워 버려 주옵소서"(출 32:31~32). 이러한 마음이 지도자에게 필요한 것이다.

3. 모세는 믿음의 사람이었다. 히브리서 11장 24~29절에 보면 모세가 행한 일들이 다 '믿음'으로 됐다고 말한다. 믿음으로가 아니면 백성을 인도할 수도, 많은 어려움을 이길 수도 없었으리라.

120년의 긴 생애를 궁중에서, 미디안 광야에서, 출애굽 후 백성들의 가나안 인도를 위해 산 모세는 느보 산 비스가 봉우리에 올라 꿈에도 그리던 가나안을 바라보면서 그 길고 험난했던 인생을 마친다. 모세의 이런 노고를 말썽꾸러기 백성들도 알았는지 모세를 위해 30일을 애곡했다고 한다(신 34:8). 우리도 모세처럼 말씀에 순종하고, 믿음으로 주어진 사명의 길을 달려가자.

기생 라합

[수 2:1~24, 6:22~27]

라합은 우상을 숭배하는 아모리 족속 출신으로 신분은 기생으로 알려져 있다. 라합은 히브리어로 그 뜻은 '거만함', '격렬함', '광대함'이다. 라합은 여리고 성 위에 살고 있었다. 라합의 집은 햇빛에 말린 벽돌로 지었고, 창문은 성 밖을 내다볼 수 있게 나 있었다.

당시에 여호수아는 여리고 성을 은밀히 살펴보기 위해 정탐꾼 둘을 보냈는데(수 2:1), 그들은 마침 라합의 집에 들어가 유숙하게 된다. 정탐꾼이 침입했다는 정보를 얻은 여리고 군사들은 라합의 집을 찾아갔으나 라합은 정탐꾼들을 보호한다. 군사들을 따돌린 라합은 창문으로 정탐꾼들을 내려 주고 후에 어떻게 도망해야 하는지도 상세히 알려 준다.

정탐꾼들의 보고는 여호수아의 믿음을 더욱 강하게 했고, 마침내 여호수아는 하나님 명령과 방법대로 여리고 성을 무너뜨린다. 그리고 여리고 성이 함락된 뒤 라합은 여호수아에 의해 구원을 받는다(수 6:25). 하나님의 전적 구원으로 라합은 예수 그리스도의 족보에 기록된 4명의 여인 중 한 사람이 되었다(마 1:5).

첫째, 라합에게는 여호와에 대한 신앙이 있었다.

그녀는 이방 여인이었다. 신분도 천한 기생이었다. 그러나 그녀는 하나님의 섭리와 주권적 의지를 믿고 있었다. "말하되 여호와께서 이 땅을 너희에게 주신 줄을 내가 아노라… 너희의 하나님 여호와는 위로는 하늘에서도 아래로는 땅에서도 하나님이시니라"(수 2:9~11). 라합은 하나님의 존재와 능력을 믿는 믿음으로 정탐꾼을 보호했고, 또 그들에 의해 구원받을 것을 믿었던 것이다(히 11:31). 라합은 가장 불경건한 죄인이라도 믿음으로 구원받을 수 있다는 섭리를 본보인 자다.

하나님께서는 의로움이 아닌 믿음으로 구원을 하신다. 라합은 히브리서의 믿음장(히 11장)에 여자로는 사라 외에 유일하게 기록되어 있다. 또 라합에게서 믿음이 파생한 초월성도 보게 된다. 믿음은 민족도 초월하고, 신분도 초월하며, 유무식도 초월한다.

둘째, 라합은 그 믿음을 행함으로 보여 주었다.

정탐꾼이 집에 왔을 때 라합은 그들을 숨겨 주었다. 여리고 왕의 명령에 불복종하면서까지 거짓말을 해서 숨겨 주고 창문으로 줄을 달아내려 탈출시켜 주었다(수 2:15). 그리고 어디에 가서 얼마 동안 숨어야 하는지도 알려 주었다. 라합은 대신 정탐꾼들에게 자신과 부모와 형제, 자매, 또 그들에게 속한 모든 자를 살려달라고 요청했다(수 2:13).

라합은 믿음을 이렇게 구체적으로 행동으로 옮기고 있다. 이러한 라합의 행하는 믿음을 야고보는 높이 평가했다. "또 이와 같이 기생 라합이 사자들을 접대하여 다른 길로 나가게 할 때에 행함으로 의롭다 하심을 받은 것이 아니냐"(약 2:25). 그런데 히브리서의 평가와 야고보서의 평가가 모순되는 것처럼 보인다. 그러나 두 견해는 전혀 모순되지 않는다. 믿음을 정당화한 것이기 때문이다. 라합이 정탐꾼들을 위해 행한 것은 실천적인 믿음이었다. 우리의 믿음이 말로만,

입으로만 끝나지 않도록 해야겠다. 영혼이 없으면 몸이 죽은 것같이 행함이 없는 믿음은 죽은 것이다(약 2:26).

구원을 얻는 것은 구원하는 진리를 많이 소유하는 데 있는 것이 아니라, 소유한 진리를 실행하는 데 있다는 사실을 우리는 라합을 통해서 배워야 할 것이다.

셋째, 라합은 구원을 받았다.

여호수아는 여리고 성이 무너질 때 두 정탐꾼이 라헬에게 약속한 것을 지켜 그녀와 그 가족들이 안전하게 구원받게 했다(수 6:17~25). 여호수아는 두 정탐꾼에게 창문에 걸린 붉은 줄을 보고서 라합의 집에 가서 그녀와 그녀의 친지들을 구원해 줄 것을 명령했던 것이다(수 6:22). 그 붉은 줄은 재난의 날에 구원할 수 있는 구속의 붉은 줄이었다. 그러므로 그 붉은 줄의 의미는 예수님의 희생으로 말미암아 우리를 구원하시는 능력을 뜻하는 것이다.

라합의 위대한 믿음은 그와 그 가족이 구원을 받는 데 그치지 않고, 유다 지파에 속한 살몬의 아내가 되어 다윗을 탄생하는 계보를 형성하는 데까지 이른다. 이처럼 라합은 그리스도의 족보 안에 드는 놀라운 복까지 받았다.

우리는 기생 라합의 행적을 통해서 하나님은 신분이나 지위, 민족을 구분하지 않고 믿음 있는 자에게 큰 복을 내리시는 분이라는 진리를 배웠다. 그러므로 우리들도 현재의 위치와 형편에서 참 믿음과 그 믿음을 실천함으로써 라합이 받은 복을 받는 성도들이 되자. 아니 우리들은 라합보다 더 나은 복을 받을 수 있다는 적극적인 신앙을 소유하도록 하자.

약속의 땅을 정복한 여호수아

[수 1:1~9]

여호수아는 히브리어로 '여호와의 구원', '여호와는 구원이시다'라는 의미이다. 민수기 13장 8절에 보면 그의 이름이 '호세아 (구원)'라고 되어 있고, 민수기 13장 16절에도 '호세아'로 나온다. 따라서 원래의 이름은 호세아인 것 같다.

여호수아에 대해 알 수 있는 것은 애굽의 압제 아래에서 노예로 태어났고, 에브라임 지파에 속한 눈의 아들이었다는 것뿐이다(민 13:8). 성경 어디에도 그의 어머니에 대한 언급은 없다. 그러나 그의 부모가 여호와를 경외하는 사람들이었다고 생각한다. 여호수아는 광야에서 이스라엘 민족을 이끌었던 모세가 죽자 새로운 지도자가 되었다.

첫째, 긍정적인 사람이었다.

모세와 이스라엘 백성들은 출애굽한 뒤 광야 생활을 시작한다. 바란 광야에 머물 때(민 13:3) 가나안을 탐지하기 위해 정탐꾼을 뽑게 된다. 각 지파에서 한 명씩 뽑은 열두 명이 정탐을 하러 가게 되었다. 정탐을 마치고 돌아온 그들은 40일 동안 자세히 보고 들은 것을 모세와 백성들에게 보고했다. 보고 내용은 절망적이었다(민 13:31~33). 무려 열 명이 그런 보고에 동참했다. 그러자 온 백성이 호곡하며 모세와 아론을 원망했다. 차라리 애굽으로 돌아가는 것이 낫겠다고 하며 반란을 일으키려 했다.

그러나 같이 간 여호수아와 갈렙만은 긍정적인 보고를 했다(민 14:1~10). 그러자 백성들이 여호수아와 갈렙을 돌로 치려 하였다. 그러나 여호수아와 갈렙은 굴하지 않았고, 하나님의 적극적인 개입으로 애굽에서 태어난 자 중 둘만이 가나안 땅을 밟게 되는 영광을 얻게 된다. 그들에게는 적이 아무리 강해도 하나님만 함께하시면 된다는 믿음이 있었다.

우리도 하나님만 함께하시면 어떤 난관도 이겨낼 수 있다는 믿음을 가져야 한다. 믿음은 불가능을 가능케 하며, 긍정적인 삶의 자세를 갖게 한다. 믿음을 갖자. 담대해질 것이고 주님이 원하시는 일이라면 어떤 것도 다 해낼 수 있게 될 것이다.

둘째, 하나님의 명령대로만 산 사람이었다.

"여호와께서 그의 종 모세에게 명령하신 것을 모세는 여호수아에게 명령하였고 여호수아는 그대로 행하여 여호와께서 모세에게 명하신 모든 것을 하나도 행하지 아니한 것이 없었더라"(수 11:15).

어떻게 하나도 빼놓지 않고 행할 수 있었을까? 백성들이 가나안에 들어가기 위해 요단강을 건너야 했을 때도 여호수아는 언약궤를 멘 제사장들로 하여금 발을 강물에 내딛으라고 했다. 그것은 여호와의 명령이었다(수 3:7~10). 여호수아는 그것을 믿었다. 믿고 말했다.

"온 땅의 주 여호와의 궤를 멘 제사장들의 발바닥이 요단 물을 밟고 멈추면 요단 물 곧 위에서부터 흘러내리던 물이 끊어지고 한 곳에 쌓여 서리라"(수 3:13). 또 여리고 성을 이스라엘 백성이 하루 한 바퀴씩 6일을 돈 뒤 마지막 7일째 일곱 바퀴를 돌아 무너뜨렸다(수 6:12~21). 인간의 지혜가 아닌 하나님의 명령 준행이 살아가는 데 승리하는 최선의 방법이다. 하나님의 명령이 이해가 안 되고 혹 불가능한 것 같고, 어려운 것 같아도 그대로 살자. 가나안을 정복한 것은 그의 이 우직스럽기까지 한 복종에 의해서이다.

셋째, 끝까지 여호와만 섬긴 사람이었다.

이스라엘 백성들은 가나안에 들어간 후 가나안 땅의 소산물을 먹게 되자 자연히 가나안 사람들의 농사법을 배우게 되었고, 그들이 숭배하는 바알 신앙도 받아들였다. 이에 여호수아는 백성을 모으고 결단을 요구하며 자신의 신앙을 선언한다(수 24장).

여호수아는 고별 메시지에서 백성들에게 하나님의 말씀에 거할 것을 간곡히 부탁했고(수 23:6), 이방 나라들과 구별되어야 할 것(수 23:7)과 승리를 주신 여호와를 가까이 하며(수 23:8~11), 하나님을 배반하지 않도록 힘써 지킬 것을 당부했다(수 23:13). 24장에서 그의 어투는 더욱 강하게 변하여 "너희 섬길 자를 택하라. 오직 나와 내 집은 여호와를 섬기겠노라"고 선언했다.

여호수아의 변함없는 신앙에 백성들은 "우리가 결단코 여호와를 버리고 다른 신들을 섬기기를 하지 아니하오리니"(수 24:16)라는 고백을 하게 됐던 것이다. 주위의 상황이 변한다 해도 믿음만은 변하지 말자. 형편과 조건이 어려워도, 누가 뭐라 해도 오직 여호와만 섬기자.

꿈에 그리던 가나안에 백성을 인도하여 들인 여호수아는 그의 위대한 생애를 110세로 마친다(수 24:29). 그러나 그가 보여 준 긍정적인 믿음과 절대 순종의 믿음과 변질되지 않는 신앙은 영원한 귀감으로 남아 있다.

300명 군사와 기드온

[삿 7:1~23]

기드온은 베냐민 자손으로 므낫세 지파 요아스의 아들인데 별명은 '여룹바알'이며, 그 뜻은 '바알과 다툰다'이다. 기드온은 히브리어로 '나무 베는 자', '나무 찍는 자'라는 뜻이다. 기드온은 이스라엘의 사사 중 다섯 번째 사사로서 이스라엘을 7년간이나 학대하던 미디안을 격멸하고 40년간 평화롭게 지낼 수 있게 했다. 기드온이 미디안 군대를 물리치자 이스라엘 백성이 자기들을 다스려 달라고 했으나 끝까지 뿌리치고 야인으로 돌아간 위대한 영웅이다.

드보라 여선지자가 죽자 이스라엘 백성들은 다시 타락했다. 이에 진노하신 하나님은 무자비한 미디안 족속에게 이스라엘을 붙이셨다. 미디안 족속은 아말렉 사람들까지 끌고 와서 행패를 부리고 곡식과 짐승을 보는 대로 빼앗아 갔다.

또 파종기가 되어 뿌린 씨에서 싹이 나오면 미디안 족속이 짐승 떼를 몰고 와서 그 싹을 다 뜯어먹게 하였다. 이스라엘 백성들은 어쩔 수 없이 토굴과 산성에서 살며 비밀리에 농사를 지어야 했다.

아모리 사람 땅의 신들을 두려워하고 여호와의 목소리를 청종하지 않은(삿 6:8~10) 결과는 이처럼 7년 동안 미디안 족속에게 수탈을 당하는 고난뿐이었다.

첫째, 기름부음을 받은 기드온

너무나 고통스러웠던 이스라엘은 마침내 하나님께 부르짖었다.

하나님은 그 소리를 들으시고 이스라엘을 구원하기 위해 아비에셀 사람 요아스의 아들 기드온을 부르셨다. 기드온이 포도주틀 사이에서 밀 타작을 하고 있을 때 여호와의 사자가 나타난 것이다.

"여호와의 사자가 기드온에게 나타나 이르되 큰 용사여 여호와께서 너와 함께 계시도다 하매"(삿 6:12). 큰 용사는 기드온에게 있는 힘 때문이 아니라 하나님이 함께하시기에 될 수 있는 신분이다. 또 자기의 연약함을 놓고 반문하는 기드온에게 하나님은 다시 말씀과 기적으로 격려하신다(삿 6:19~24, 6:36~40). 기적을 본 기드온은 확신을 가지게 되고 드디어 명하신 일에 나선다. 하나님은 우리에게 사명뿐 아니라 감당할 수 있도록 힘과 능력까지 주시는 것이다.

둘째, 훌륭한 신앙인 기드온

1. 그는 겸손한 사람이었다. 하나님이 그에게 사명을 주셨을 때 기드온은 이렇게 대답했다. "…오 주여 내가 무엇으로 이스라엘을 구원하리이까 보소서 나의 집은 므낫세 중에 극히 약하고 나는 내 아버지 집에서 가장 작은 자니이다 하니"(삿 6:15).

2. 그는 진실하고 솔직한 사람이었다. 그는 하나님이 함께하셨으면 왜 미디안이 우리를 괴롭게 하느냐고 항의했으며(삿 6:13), 하나님이 함께하신다는 확신을 얻기 위해 여러 번 표징을 구했다. 그의 요구는 확신 있는 믿음을 갖고자 하는 노력이요, 자신의 신앙을 속이지 않는 진실함을 가졌다는 것으로 평가할 수 있다.

3. 그는 용기와 결단력이 있는 사람이었다. 하나님의 뜻이라고 할 때 생명을 다해 순종했다. 자기의 조상들이 세워놓은 우상의 전각을 그 하인과 함께 부수었던 것이다(삿 6:28~32). 생명을 건 행동이었

다. 이런 행동은 하나님의 능력을 덧입게 했고, 300명 군사와 함께 승리를 얻는 데 기초가 되었던 것이다.

셋째, 미디안과 싸워 이긴 기드온

미디안과 싸우기 위해 나선 백성은 3만 2천 명이었다. 그러나 하나님은 두려워 떠는 자를 돌아가게 하고 만 명을 남긴다(삿 7:3). 하나님은 그래도 군사가 많다고 하면서 시험을 했는데 물을 무릎 꿇고 먹는 자는 돌아가게 하고, 혀로 핥는 사람만 남게 했다. 결국 그 유명한 300명이 추려졌다. 그들을 세 무리로 나누어 한 손엔 나팔을, 한 손엔 빈 항아리를 들게 하고 빈 항아리 속에는 횃불을 감추도록 했다. 그리고 적을 향해 돌진하는데 나팔을 불면서 항아리를 깨뜨리고 동시에 "여호와와 기드온의 칼이여"(삿 7:20)라고 외치게 했다. 그러자 미디안은 혼비백산하고 이스라엘은 승리를 거두게 된다(삿 7:19~23). 여기서 주는 교훈은 다음과 같다.

① 하나님은 두려워하지 않는 자를 택하여 쓰신다.
② 하나님이 택하여 쓰는 사람은 자기를 절제하며 준비가 된 사람이다.
③ 항아리를 깨뜨리는 자, 즉 성령의 불을 들고 자신을 깨뜨리는 자를 쓰신다.

기적적으로 전쟁에서 승리한 300명 군사와 그들을 이끈 기드온은 분명히 하나님이 함께하신 자들이었다. 우리는 기드온의 태도와 300명 군사의 태도를 본받아서 마귀의 세력과 싸워 승리하는 하나님의 일꾼들이 되자.

장사 삼손

[삿 16:15~31]

택한 백성을 회개시키고 복을 주시려는 하나님은 이스라엘을 구원하기 위해 소라 땅 사람 삼손을 보내셨다. 삼손은 단 지파 마노아의 아들로서, 여호와의 사자가 나타나 '아들을 낳을 것이며 이는 낳을 때부터 하나님께 바친 나실인이 될 것'이라고 한 그 예언된 인물이다(삿 13:4~5). 여호와의 사자는 마노아 부부에게 삼손을 기르는데 주의할 내용도 알려 주었다. 포도주와 독주 등 부정한 것을 먹지 않게 하고, 머리에 삭도를 대지 말라고 한 것이다. 삼손은 히브리어로 '작은 태양', '태양의 사람'이라는 뜻이다.

첫째, 삼손은 나면서부터 나실인이 되었다.

'나실'이란 원어의 뜻은 '성별되다', '구별되다'로 하나님께서 이스라엘 사람의 종교적 순수성을 지키기 위해 세운 제도이다. 일반적으로 일정한 기간을 서원하는 경우가 있고, 종신토록 바치는 경우가 있다. 나실인의 규례는 민수기 6장 1~21절에 나와 있다. 모두 세 가지인데 첫째, 포도주나 독주를 마시지 말아야 한다. 둘째, 머리에 삭도를 대지 말아야 한다. 셋째, 시체나 부정한 것을 가까이 하지 말아야 한다. 우리는 누구나 다 그리스도 안에서 나실인이 되었다. 우리는 여전히 세상 속에서 살고 있지만 이제는 하나님의 것이 되어 하나님을 위해 구별된 생활을 해야 한다(롬 15:15~16).

그러나 나실인 삼손은 그 행위가 나실인답지 못했다. 딤나에 가서 블레셋 여인과 결혼을 한 것이다. 물론 블레셋을 치기 위한 숨은 뜻이 있었으나 이방 여인과의 결혼은 실패하고 만다(삿 14장). 그러나 하나님은 이스라엘 백성을 구원하기 위해 그에게 큰 힘을 주시고 계속 기회를 주신다.

둘째, 삼손은 하나님을 떠나 불신앙 했다.

하나님의 신에 감동되어 큰 힘을 얻게 된 삼손은 맨손으로 사자를 찢었으며(삿 14:6), 나귀 턱뼈로 블레셋 사람 1,000명을 죽이고, 성문을 뽑아 들어 산에 올라가기도 했다(삿 16:3). 그러나 삼손은 하나님께서 주신 힘을 이스라엘을 구원하는 데 쓰지 않고 개인적인 원한을 갚는 데 쓰는 잘못을 계속 저질렀고, 결국 하나님의 힘을 남용한 대가를 톡톡히 치르게 된다.

삼손은 소렉 골짜기의 이방 여인 들릴라에게 마음을 빼앗긴다. 그리고 이 사실을 안 블레셋 방백들이 삼손의 힘이 어디에서 나오는지를 알아내기 위해 들릴라를 이용한다(삿 16:4~5). 들릴라는 삼손에게 그 큰 힘이 어디에서 나오며, 어떻게 하면 그 힘을 없앨 수 있느냐고 집요하게 묻는다.

그 때마다 삼손은 거짓말로 답했지만 들릴라의 끈질긴 요구에 머리카락을 자르지 않겠다는 서약을 무시하고 사실을 얘기한다(삿 16:15~17). 머리털을 잘린 삼손은 힘이 사라지고 하나님의 신이 떠나게 된다. 결국 블레셋 사람에게 잡혀 두 눈을 뽑히고 옥중에서 맷돌을 돌리는 처참한 신세가 되고 만다.

인간은 누구나 다 약점이 있다(시 39:4). 이것을 알고 늘 설 자리를 조심하고(시 1:1~2), 날마다 주님께 힘을 달라고 간구하며 살아야 한다. 또한 그리스도인은 언제나 하늘나라의 백성임을 잊지 말고 거룩한 생활을 지켜 행해야 한다(빌 3:20). 거룩함을 지키지 못하면 영적인 힘을 잃게 되는 것이다. 머리 깎인 삼손처럼 성령의 능력을 잃고 껍데기만 남은 성도는 없는가? 그렇게 되면 원수의 조롱거리가 되고 부끄러운 삶을 살 수밖에 없을 것이다.

셋째, 삼손은 마지막에 회개하였다.

블레셋 사람들이 그들의 신 다곤에게 제사하는 날 잔치를 벌이는 자리에 삼손을 데려다가 재주를 부리게 했다(삿 16:25). 삼손은 눈 먼 자가 되어 자기를 인도한 소년에게 기둥 사이로 데려다 주기를 부탁하고 하나님께 기도했다.

"…주 여호와여 구하옵나니 나를 생각하옵소서 하나님이여 구하옵나니 이번만 나를 강하게 하사 나의 두 눈을 뺀 블레셋 사람에게 원수를 단번에 갚게 하옵소서 하고"(삿 16:28). 삼손은 기도를 마친 뒤 기둥을 껴안아 거대한 신전을 무너뜨리고 그 자리에 있던 3,000여 명과 함께 죽음을 맞는다. 성경은 삼손이 살았을 때 죽인 자보다 그 때 죽인 자가 더 많았다고 기록한다. 비록 삼손은 불명예스러운 일을 많이 벌였지만 죽는 자리를 승리로 장식했다. 우리도 실패에 낙심하지 말고 회개하여 끝까지 사명의 길을 걸어가야 한다.

우리들이 여기에서 배울 수 있는 것은 주님의 능력과 은사를 자신의 유익과 세상의 향락을 위해 써서는 안 된다는 것이다. 그리고 세상에 도취되어 하나님의 사명을 잊지 않도록 노력해야 한다는 것이다. 또한 회개하면 마지막 순간에도 하나님은 그의 택한 백성을 사랑하신다는 것이다.

효부 룻

[룻 1: 1~22, 4:13~17]

룻기는 사사 시대의 것이다(룻 1:1). 성경의 책 이름 중 오직 두 권의 책이 여인의 이름을 따고 있는데 룻기와 에스더이다. 룻은 히브리인과 결혼한 이방인이고, 에스더는 이방인과 결혼한 히브리인이다. 룻의 이름은 히브리어로 '구경할 만한 풍경', '아름다움', '우정', '친구' 라는 뜻이다.

사사들이 치리하던 때 베들레헴이라는 지역에 엘리멜렉과 아내 나오미, 그리고 두 아들 말론과 기룐이 살고 있었다. 그들은 가뭄 때문에 모압 땅에 옮겨 가서 살게 되었다. 두 아들은 오르바와 룻이라는 모압 여인과 결혼했고, 그 후 엘리멜렉이 죽더니 얼마 있지 않아 두 아들도 죽어 결국 여자 셋이 과부로 남게 되었다.

남편과 아들들을 잃은 나오미는 고향에 돌아가기로 결정하고 두 며느리를 불러 자신의 계획을 말하고 그들의 민족에게 돌아가라고 한다(룻 1:8~14). 두 며느리는 시어머니를 계속 쫓겠다고 했으나 나오미의 강력한 결단에 오르바는 모압에 남고 룻만 시어머니를 따랐다. 룻은 시어머니 나오미를 따라 베들레헴으로 오고, 생계를 위해 밭에 나가 이삭을 주우며 시어머니를 봉양했다.

첫째, 룻은 하나님 제일주의의 신앙인이었다.

이방 여인으로서 시집 와서 제일 귀한 것을 얻었다면 믿음일 것이다. 그녀는 믿음을 올바르게 배웠는데 곧 하나님 제일주의의 신앙을 가진 것이다. 하나님을 위하여 모든 것을 다 버릴 수 있는 신앙을 가진 것이다(전 12:13, 빌 3:8). 성경은 룻이 시어머니를 따르게 된 이유에 대하여 여러 가지로 설명하고 있는데(룻 1:15~17) 그 중에서 다음이 가장 큰 이유일 것이다.

"…어머니께서 가시는 곳에 나도 가고 어머니께서 머무시는 곳에서 나도 머물겠나이다 어머니의 백성이 나의 백성이 되고 어머니의 하나님이 나의 하나님이 되시리니"(룻 1:16). 이것은 후에 보아스의 입을 통해서도 증거되었다.

"…네 남편이 죽은 후로 네가 시어머니에게 행한 모든 것과 네 부모와 고국을 떠나 전에 알지 못하던 백성에게로 온 일이…이스라엘의 하나님 여호와께서 그의 날개 아래에 보호를 받으러 온 네게 온전한 상 주시기를 원하노라…"(룻 2:11~12). 룻은 아브라함 같이 본토 친척 아버지 집을 버리고 하나님을 좇은 신앙인이었다.

우리는 하나님 때문에 세상에서 좋은 것을 얻는 것은 좋아 해도 하나님을 따르기 위해 세상의 좋은 것들을 버리지는 못하지 않는가? 히브리서 11장 24~26절을 읽고 모세의 신앙을 본받자. 또 빌립보서 3장 4~9절의 바울 모습도 본받자.

둘째, 룻은 효성스런 신앙인이었다.

룻은 하나님을 섬기며 홀로 된 시어머니를 섬기는 것을 생명과 같이 알고 어머니를 따라가서 살기로 했던 것이다. 시어머니가 고향으로 가기를 권했을 때 룻은 이렇게 말했다.

"어머니께서 죽으시는 곳에서 나도 죽어 거기 묻힐 것이라…"(룻 1:17). 죽기까지 시어머니를 봉양하기로 한 룻의 결심에 나오미도 어찌할 수 없었다. 인류가 허물어져 가고 효도하기를 싫어하는 세태 속에서 우리는 룻의 효도를 본받는 성도가 되자.

셋째, 룻은 예수님의 족보에 든 여인이 되었다.

나오미는 하나님을 잘 공경하고 자신에게 효도하는 룻의 행복을 늘 생각하던 중 모세의 법(신 25:5~6)을 따라 자기 남편 가문의 가장 가까운 친척 중 보아스라는 사람을 찾아 룻을 개가시켰다. 룻은 보아스에게서 오벳을 낳았고(룻 4:17), 오벳은 다윗의 부친 이새를 낳았다. 결국 룻은 다윗의 증조모가 되어 예수님의 족보에 오르는 영광을 얻었다(마 1:5).

룻은 이방 여인이었지만 그의 강한 신앙과 철저하게 지킨 효성으로 이 같은 복을 받게 된 것이다. 예수님의 족보 안에는 네 여인(다말, 라합, 밧세바, 룻)의 이름이 있는데 룻이 가장 현숙한 여인이다. 그녀의 효행과 그 이름이 성경 속에 영원히 빛나고 있으니 이 얼마나 큰 복인가?

믿음은 민족이나 나라의 구분 없이 만인의 것이며, 또한 복도 믿음을 지킨 누구에게나 주어진다. 하나님을 섬기고 시어머니를 공경하기 위해 모든 것을 포기하고 절개를 지킨 룻은 영육 간에 복을 받아 영원히 우리의 귀감이 되고 있다.

기도의 사람 사무엘

[삼상 7:5~11, 15:17~24]

사무엘이란 이름은 히브리어로 '하나님께 구함', '하나님이 지명하심'이란 뜻이다(삼상 1:20). 그는 한나와 엘가나 사이의 첫 아이로서 어머니 한나가 기도하여 얻은 아들이다. 어머니 한나는 잉태하기 전 나실인의 서원으로 사무엘을 얻었다(삼상 1:11).

나실인의 서원은 독주나 포도주를 마시지 않아야 하며, 머리에 삭도를 대지 말아야 하고, 시체와 접촉을 피해야 하는 등 절대적인 순결 서약이다(민 6:1).

사무엘은 서원대로 자랐고, 믿음의 첫 선지자인 동시에(대하 35:18, 렘 15:1), 선견자이며(삼상 9:9, 대상 26:28), 마지막 사사였다(삼상 7:15, 행 13:20). 그는 사사 시대 말기에서 왕정 초기(B.C. 1,050~1,000년)에 걸쳐 활약했다.

우리는 자녀를 위해 기도해야 한다. 사무엘의 어머니 한나처럼 말이다. 자녀를 하나님 뜻에 맞도록 키우기 위해서는 그 방법밖에는 없는 것이다. 기도로 성장한 자녀는 결코 잘못되지 않는다. 한나처럼 기도하여 하나님께 은총을 입는 자녀들로 키우자. 사무엘은 어떤 인물이었는가?

첫째, 그는 영적 지도자였다.

당시 이스라엘은 정치적, 종교적인 혼란기였다. 외적의 침입도 잦았다. 그런 혼란기에 사무엘은 사사로서(제사장, 선지자를 겸함)

나라를 잘 다스렸다. 사무엘상 7장 15~17절에 보면 사무엘이 '다스렸다'고 기록하고 있다. 그는 지방을 순회하며 재판하고(삼상 7:15~17), 성전을 정화하고, 이방신 숭배를 금지하고, 신앙의 발전과 국가의 번성을 위해 혼신을 다했다. 참으로 영적인 지도자가 부족한 이 때에 꼭 필요한 지도자였던 것이다.

둘째, 그는 기도하는 선지자였다.

"나는 너희를 위하여 기도하기를 쉬는 죄를 여호와 앞에 결단코 범하지 아니하고 선하고 의로운 길을 너희에게 가르칠 것인즉"(삼상 12:23). 이처럼 그의 고백을 들으면 그가 기도하는 선지자였음을 확실히 알 수 있다.

그는 미스바에서 백성들을 모은 후 기도하여 블레셋을 물리쳤으며(삼상 7:9~11), 백성들이 왕을 원했을 때에도 기도로 하나님께 여쭤 보았다(삼상 8:6~7). 기도하기를 쉬는 것은 죄다. "쉬지 말고 기도하라"(살전 5:17). "이르시되 기도 외에 다른 것으로는 이런 종류가 나갈 수 없느니라 하시니라"(막 9:29).

기도하는 성도가 참 성도이다. 기도해야만 자신을 개혁할 수 있다. 또 영적인 전쟁에서 승리할 수 있으며, 하나님의 평안을 소유할 수 있고, 하나님의 손길을 움직일 수 있다. 지도자는 지도자대로, 평신도는 평신도대로 기도의 사람 사무엘처럼 기도하자.

셋째, 그는 순종의 선지자였다.

그는 백성들에게 이런 권고를 했다. "너희는 여호와께서 너희를 위하여 행하신 그 큰 일을 생각하여 오직 그를 경외하며 너희의 마음을 다하여 진실히 섬기라"(삼상 12:24). 그는 하나님께 철저히 순종하는 것이 하나님의 백성 된 도리임을 알았다. 그래서 사울 왕이 범죄 했을 때에 간곡히 말했다.

"사무엘이 이르되 여호와께서 번제와 다른 제사를 그의 목소리를 청종하는 것을 좋아하심같이 좋아하시겠나이까 순종이 제사보다 낫고 듣는 것이 숫양의 기름보다 나으니"(삼상 15:22). 하나님께 참으로 순종해 보자. 말씀대로 살아야 한다. 복 받는 성도, 훌륭한 지도자는 하나님께 철저히 순종하는 사람이다.

지금은 사무엘처럼 참된 경건의 사람, 기도의 사람, 순종의 사람이 요구되는 시대이다. 우리 모두 이런 신앙을 소유하고, 한나처럼 기도하며 우리의 자녀들을 사무엘처럼 되게 훌륭히 양육하자.

이스라엘의 초대 왕 사울

[삼상 15:17~23]

사울은 베냐민 지파 기스의 아들이다(삼상 9:1~2). 그는 부친이 잃은 나귀를 찾다가 선지자 사무엘을 만나게 되며, 사울이 올 것을 예지했던 사무엘이 기름을 부어 이스라엘의 초대 왕으로 등극한다.

사울이란 이름은 히브리어로 '구하다', '부탁한다', '간청되다'는 의미이다. 사울의 가정에 대해서는 자세히 알려진 바가 없고, 하나님의 전적인 선택에 의거하여 왕이 되었다는 사실만 알 수 있다.

첫째, 왕이 된 사울

사사에 의해 치리되던 이스라엘 백성들은 이방 나라처럼 왕이 다스려 주기를 원했다. 이런 마음은 사사인 사무엘을 거부한 것이 아니라 하나님을 거부한 것이었다(삼상 8:7). 하나님께서는 그들의 요구가 잘못되었음을 여러 차례 지적해 주셨다(삼상 8:10~18). 그러나 하나님은 왕을 세우는 것이 현명치 못함을 알면서도 백성의 요구대로 왕을 허락하셨다(삼상 8:22).

하나님은 사울을 택하여(삼상 9:15~16) 기름을 붓고 왕으로 삼으셨다. 사울은 준수했고, 키가 다른 사람보다 어깨 위만큼 더 큰 사람이었다. 사울은 라마에서 기름부음을 받았고(삼상 8:4, 9:1~10), 미스바에서 왕으로 뽑혔으며(삼상 10:17~27), 길갈에서 왕으로 즉위했다(삼상 11:15).

사울의 처음 모습은 겸손 그 자체였다. 왕이 되는 것을 사양했을 뿐만 아니라 왕으로 뽑히는 날 짐 보따리들 사이에 숨을 정도였으니 말이다(삼상 10:22). 자신을 왕으로 인정하지 않는 불량한 사람들의 비웃음에도 대항하지 않고 잠잠히 있었다.

하나님은 그를 도우셔서 암몬 족속과의 싸움에서 승리하게 하셨다(삼상 11:1~11). 이 사건은 백성들에게 큰 소망을 주었고, 사울을 왕으로 인정하는 확신을 갖게 해 주었다(삼상 11:12).

둘째, 잘못을 범한 사울

사울은 이 때까지 하나님으로부터 큰 능력을 얻어 하나님과 백성에게 크게 공헌했다. 그러나 곧 교만해져 잘못된 길로 빠져들고 만다. 그는 특별히 두 가지 잘못을 저질렀다.

1. 즉위 후 2년 만에 블레셋과 전쟁을 하게 되자 선지자 사무엘에게 도움을 청한다(삼상 13:1~8). 사무엘은 사울에게 길갈로 가서 칠 일을 기다리면 자기가 와서 여호와께 희생 제사를 드릴 것이라고 말하였다. 그러나 사울은 자신이 직접 여호와께 화목제물을 드림으로써 제사장의 직분을 침해하고 말았다(삼상 13:13). 교만하고 인내하지 못하는 모습을 보인 것이다. 이에 격분한 사무엘은 왕을 폐위할 것이라고 예언했다(삼상 13:14).

2. 아말렉과의 전쟁에서 이긴 뒤 하나님께 불순종하는 죄를 범했다. 하나님은 아말렉 사람과 짐승을 모두 죽이라고 했으나 아말렉의 왕 아각을 죽이지 않았고, 짐승 중에서 쓸모없는 것만 처치한 것이다(삼상 15:1~9). 이에 또 한 번 사무엘이 사울을 크게 책망한다.

"어찌하여 왕이 여호와의 목소리를 청종하지 아니하고 탈취하기에만 급하여 여호와께서 악하게 여기시는 일을 행하였나이까"(삼상

15:19). 그러나 사울은 자신의 죄를 백성에게 미루고 하나님을 위해서 한 일이라고 변명한다. 이에 사무엘이 더욱 크게 꾸짖는다(삼상 15:22). 이 불순한 행위로 사울은 하나님으로부터 버림받고 왕의 자리에서 폐위 당하게 된다.

이처럼 지금 우리의 자리가 아무리 견고하며 안전해도 교만과 불순종은 그 자리를 소리 없이 허물어뜨리고 말 것이다.

셋째, 버림받은 사울

그는 결국 왕의 자격을 잃게 된다. 사무엘은 다음과 같이 말하고 사울 곁을 떠난다.

"사무엘이 사울에게 이르되 나는 왕과 함께 돌아가지 아니하리니 이는 왕이 여호와의 말씀을 버렸으므로 여호와께서 왕을 버려 이스라엘 왕이 되지 못하게 하셨음이니이다 하고"(삼상 15:26). 사울을 떠나는 사무엘은 슬펐으나 다시는 사울을 만나지 않았다(삼상 15:35). 하나님과 하나님의 사람 모두에게 버림을 받은 사울은 결국 비참하게 죽어 왕의 자리에게 물러나게 된다.

"여호와의 영이 사울에게서 떠나고 여호와께서 부리시는 악령이 그를 번뇌하게 한지라"(삼상 16:14). 우리는 여호와의 신이 떠나지 않게 하자. 여호와의 신이 떠나면 악신에 의해 번뇌케 된다. 교만과 불순종의 잘못을 범하지 말고 겸손히 순종하는 성도의 자세를 갖자. 겸손은 존귀의 앞잡이지만(잠 15:33), 교만은 패망의 선봉이며 거만한 마음은 넘어짐의 앞잡이가 된다(잠 16:18).

성군 다윗

[삼상 17:31~54, 11:1~13, 12: 1~6]

다윗은 히브리어로 '사랑하다', '사랑받은 자'라는 의미를 갖고 있다. 다윗은 아브라함의 14대 손이며, 유다 지파 이새의 여덟째 아들로 B.C. 1,085년경 베들레헴에서 출생하여 양을 치는 목동 생활을 했다. 그는 준수한 사람이었고(삼상 16:12), 하나님으로부터 택함을 받아 사무엘에게 기름부음 받았으나 사울이 죽기 전까지는 즉위하지 못했다.

백성의 존경과 신망 때문에 사울 왕의 미움을 사서 10여 년 동안 도피 생활을 했기 때문이다. 그러나 다윗은 사울을 적대시하지 않고 오히려 충성을 다했으며, 사울이 죽자 그를 위해 백성들과 금식하며 울었다고 한다(삼하 1:11~12). 그 후 헤브론에서 30세에 유다 왕이 되어 7년 6개월 동안 다스렸고, 예루살렘으로 옮겨 와서 33년, 도합 40년간 이스라엘을 다스렸다(삼하 5:4~5).

첫째, 골리앗을 물리친 다윗

다윗은 목동이었다. 목동은 외로운 직업이다. 말이 통하지 않는 동물들과 오랫동안 함께하며 지켜내야 하는 일이기 때문이다. 다윗은 이 외로운 목동 생활 덕분에 하나님의 도우심을 경험했다. 사나운 짐승을 물리치면서 역경과 고난을 이겨내는 신앙 체험을 하게 된 것이다. 이러한 신앙을 바탕으로 골리앗과 싸우러 나가기 전 정말 싸울 수 있겠냐는 사울의 물음에 당당하게 대답한다.

"…그가 짐승의 하나와 같이 되리이다… 여호와께서 나를 사자의 발톱과 곰의 발톱에서 건져내셨은즉 나를 이 블레셋 사람의 손에서도 건져내시리이다…"(삼상 17:36~37). 다윗의 믿음에 더 이상 말릴 수 없던 사울 왕은 다윗에게 자신의 군수품을 준다. 그러나 다윗은 사울이 준 군복과 놋 투구, 갑옷을 벗고 막대기와 돌 다섯과 물매를 들고 아무도 나서지 못하는 블레셋 군대 앞에 나선다. 어이없어 하는 블레셋의 장수 골리앗 앞에서 다윗은 또다시 당당하게 외친다.

"…나는 만군의 여호와의 이름… 하나님의 이름으로 네게 나아가노라…전쟁은 여호와께 속한 것인즉 그가 너희를 우리 손에 넘기시리라"(삼상 17:45~47). 그리고 물맷돌로 골리앗의 이마를 쳐 쓰러뜨리고 죽인다. 놀란 블레셋 군대는 이 후 여지없이 무너졌다(삼상 17:50~54).

다윗은 여호와만을 의지했다. 갑옷도, 무기도, 군사도 버리고 승리는 여호와께만 있다는 사실을 믿었고, 그래서 담대할 수 있었다. 여호와 하나님은 자기를 의지하는 자에게는 도움의 손길을 펴시며 담대하게 하신다.

둘째, 범죄한 다윗

다윗의 위대한 행적은 수없이 많다. 다윗 시대에 온 유대 민족이 통일되었고, 영토가 확장되었으며, 수많은 전쟁에서 승리했다. 언약궤를 예루살렘에 옮겨오기도 했다(삼하 6장). 그러한 다윗이 죄를 범하고 만다. 그의 부하 장수 우리야의 아내 밧세바를 범한 것이다(삼하 11:2~5). 그리고 이 일을 은폐하기 위해 전투하고 있는 우리야를 최전선에 보내도록 요압 장군에게 지시하여 전사하게 한다(삼하

11:6~26). 결국에는 살인죄까지 저지른 것이다. 이러한 행위는 여호와 보시기에 악한 것이었다(삼상 11:27).

죄의 유혹은 늘 우리 가까이에 있다. 죄는 또 다른 죄를 부수적으로 짓게 하며 더 큰 죄를 짓게 하는 것이다. 믿음으로 살지 않으면 어떻게 죄의 유혹을 이길 수 있겠는가? 다윗 같은 자도 하나님을 잊고 육신의 정욕대로 살았을 때 범죄의 수렁에 빠지고 말았다.

셋째, 회개한 다윗

그 누구도 다윗의 범죄 사실을 몰랐지만 하나님께는 숨길 수가 없었다(시 139:1~4). 하나님은 선지자 나단을 다윗에게 보내어 그의 죄를 꾸짖었다. 그리고 벌을 내리시겠다고 말씀하신다(삼하 12:1~12). 나단의 책망과 경고를 들은 다윗은 죄를 고백한다. 여기서 우리는 다윗의 위대함을 보게 된다. 왕의 권위로 나단의 경고를 묵살하고 오히려 벌을 내릴 수도 있었으나 겸손히 회개하며 무릎을 꿇은 것이다. 다윗은 그 후 처절한 정도로 회개했다. 시편 51편은 회개의 고백이다. 다윗이 회개하자 하나님은 용서하겠다는 말씀을 나단을 통해 전하신다(삼하 12:13). 회개하자. 하나님은 죄는 벌하시지만 회개하는 자는 용서해 주신다(사 1:18, 요일 1:9).

사도행전 13장 22절에 보면 하나님은 다윗을 평할 때 "내 마음에 맞는 사람이다"라고 하셨다. 다윗은 하나님의 마음에 맞는 성군임에 틀림없다. 그의 회개하는 용기와 결단에 하나님은 복을 주신 것이다. 예수를 수식할 때 '다윗의 자손'이라는 표현을 복음서에서 많이 사용한다. 이처럼 하나님은 다윗에게 그리스도의 조상이 되는 복까지 허락하신 것이다.

지혜의 왕 솔로몬

[왕상 3:4~15, 5:13~6:10, 11: 1~13]

솔로몬은 히브리어로 '평화' 라는 뜻이다. '여디디야' 라는 이름도 있다(삼하 12:24~25). 그 뜻은 '여호와께 사랑을 받은 자' 이다. 솔로몬은 다윗과 밧세바 사이에서 태어난 둘째 아들이다. 밧세바가 처음 낳은 아들은 죽었다(삼하 12:18).

여호와께서는 솔로몬을 선택하시고 솔로몬에게 성전 짓는 일을 맡기신다. 그 이름대로 솔로몬의 통치 기간 동안 이스라엘은 가장 번영했고, 평화스러운 시절을 보낼 수 있었다. 솔로몬은 40년간 왕으로 이스라엘을 다스렸다(대하 9:30).

첫째, 지혜의 왕 솔로몬

일찍이 하나님께서는 다윗에게 솔로몬을 왕위에 세우도록 계시하셨다(대하 22:6~10). 다윗은 죽음을 앞두고 솔로몬이 그의 왕위 계승자가 될 것을 선포하였다. 마침내 솔로몬은 이스라엘 제 3대 왕이 된다(왕상 1:38~39).

다윗은 솔로몬에게 하나님 앞에서 성실히 행할 것을 부탁한다(왕상 2:1~4). 오직 하나님의 은혜로 왕이 된 솔로몬은 다른 일을 제쳐두고 먼저 기브온 산당에 가서 하나님 앞에 일천 번제를 드렸다(왕상 3:2~3). 그 때에 하나님이 꿈에 나타나셔서 원하는 것을 구하라고 하신다(왕상 3:5). 솔로몬은 자신을 작은 아이라 하며(왕상 3:7) 지혜를 구한다(왕상 3:9).

솔로몬이 다른 것을 구하지 않고 지혜를 구한 것이 하나님 마음에 꼭 들었다. 하나님은 그에게 지혜롭고 총명한 마음을 주셨다(왕상 3:11~12). 뿐만 아니라 구하지 않은 부귀영화도 함께 주셨다. 그와 같은 자가 전에도 없었고, 후에도 없게 되었다고 성경은 기록하고 있다(왕상 4:29~34).

우리가 솔로몬에게서 본받을 점은 하나님께 제사한 것과 겸손히 지혜를 구한 자세이다. 우리도 먼저 하나님께 경배하는 것을 중요시 여겨야 하며 나의 욕심을 위해서가 아니라 이웃과 하나님을 위한 것을 구하는 마음을 가져야 하겠다(마 6:33).

둘째, 성전을 건축한 솔로몬

솔로몬의 일생을 통해 가장 위대한 업적은 바로 7년이나 걸린 성전 건축이다. 솔로몬은 애굽에서 나온 지 480년이 되는 해 B.C. 962년경에 건축을 시작한다(왕상 6:1).

장소는 아브라함이 이삭을 제물로 드리려 했던 모리아 산이고, 구조는 여호와께서 다윗을 통해 알려 주신 대로 설계했다(대상 28:11~19). 솔로몬은 두로 왕 히람의 도움으로 백향목을 재료로 하여(왕상 5:8) 성전 전체를 금으로 입혔다. 장은 60규빗(약 27m), 광은 20규빗(약 9m), 고는 30규빗(약 13.5m)이었다(왕상 6:2). 성소와 지성소가 갖추어졌고, 성전 안에 새로운 금단, 금상, 정금 등대, 물두멍, 대야 및 여러 가지 기구를 만들었다.

그는 정성을 다해 성전을 건축했다(왕상 6:38). 그리고 성전을 봉헌하고 하나님께 기도했다(왕상 8:22~53). 그의 기도는 하나님께 영광을 돌리는 내용과 은총을 간구하고, 주의 자녀들의 기도를 들어 달라는 내용이었다.

셋째, 우상을 숭배한 솔로몬

하나님과 나라를 위해 좋은 일을 많이 한 솔로몬은 생의 마지막에 가서 잘못된 길로 가게 된다. 솔로몬은 7년에 걸쳐 성전을 건축했지만 자신의 왕궁을 짓기 위해 13년간을 소모했다.

성전보다 크고 화려하게 지었다. 성경은 그의 부와 권세가 천하의 열왕보다 크다고 표현했다(왕상 10:21~23). 이렇게 되자 교만해진 솔로몬은 하나님을 버리게 된다. 이방 여인들과 혼인하지 말아야 하는데 모압, 암몬, 에돔, 시돈, 헷 같은 이방 족속으로부터 많은 아내를 취하였다(왕상 11:1~3). 솔로몬 왕은 후궁을 700인, 첩을 300인이나 두었다.

나이가 들자 왕비들이 솔로몬 왕의 마음을 돌이켜 그들의 신들을 좇게 만들었다. 그래서 솔로몬은 시돈 사람의 여신 아스다롯을 좇고(왕상 11:5), 또 암몬 사람의 밀곰도 좇고, 모압의 그모스를 섬겼다(왕상 11:7). 거기에다 자기가 거느리고 있는 이방 족속 후궁들을 위하여 갖가지 산당을 지어 주고 그들의 신을 함께 숭배했다. 결국 엄청난 죄악을 범했고, 그로 인해 솔로몬의 아들 대에 나라가 갈라지는 불행과 형극의 벌을 받는다.

북쪽 이스라엘은 왕의 신복인 여로보암에게 넘어가고, 남쪽 유다에는 솔로몬의 아들 르호보암이 유다와 베냐민 지파를 모아 왕국을 세운다. 호색과 우상 숭배는 솔로몬과 이스라엘을 파멸에 이르게 하였다. 탐심을 버리자. 그리고 하나님만 섬기자.

북이스라엘의 악한 왕 아합

[왕상 16:28~33]

아합은 히브리어로 '아버지의 형제'라는 뜻이다. 아합은 오므리 왕(6대)의 아들로 이스라엘의 7대 왕에 오른다. 성경에서 아합은 이스라엘의 역대 왕 중 가장 악한 왕으로 평가되고 있다(왕상 16:29~33, 21:25~26).

아합은 세상 평가로는 재능 있고 정력적인 왕이었으나 종교적 견지에서는 이방 잡신의 보호자에 불과했던 것이다. 그의 이방인 아내 이세벨은 왕권의 배후에서 그를 다스렸으며, 바알 숭배가 북이스라엘의 공식적인 종교가 되도록 주도하였다.

아합의 생애와 통치 중 유명한 것은 이방 공주 이세벨과의 결혼, 동맹 관계를 위해 딸 아달랴를 유다 왕 여호사밧의 아들 여호람과 정략 결혼시켜 약 80년 동안 평화를 유지한 일, 상아 궁과 많은 성들 건축(왕상 22:39), 전쟁 승리(왕상 20:1~33), 나봇의 포도원 탈취(왕상 21장), 갈멜 산에서 바알 아세라 선지자와 엘리야를 대결시킨 일(왕상 18:20~46) 등이다.

첫째, 아합의 우상숭배

아합 왕은 부친 오므리 왕보다 더 악하였다(왕상 16:30). 그는 북이스라엘의 초대 왕이었던 여로보암의 우상숭배를 그대로 답습했다. 그리고 그것을 오히려 가볍게 생각했다(왕상 16:31).

아합 왕은 여러 이방 족속의 우상을 숭배하는 것도 부족하여 이방 시돈 족속의 왕 엣바알의 딸 이세벨을 아내로 맞아 결혼하였다. 그리고 이세벨이 섬기던 바알을 섬기기 시작하였다. 바알을 섬겼을 뿐만 아니라 아세라까지 섬기기도 하였다. 이렇게 이스라엘 역사가 우상 숭배로 더럽혀진 이유는 하나님의 통치보다 사람의 통치를 원한 이스라엘의 잘못된 선택 때문이다(삼상 8:4~22).

하나님께서는 참된 왕이신 예수 그리스도를 이 세상에 보내 주셨다. 예수님은 '이스라엘의 임금' 곧 '메시야' 이시며(요 1:49, 18:33~37), 인류의 왕이시다(계 19:16). 예수님을 믿는다는 우리는 누구를 왕으로 섬기고 있는가? 우리도 끝끝내 하나님의 통치를 거부하면 우상 숭배에 빠져 멸망당하게 된다.

둘째, 아합의 속임수

사악한 자의 특징은 무엇인가? 공허하지만 우상 숭배를 멈추지 못한다. 또 지속적으로 물질을 탐낸다(골 3:5).

아합은 이웃의 포도원을 탐냈으나 어떻게 얻어야 할 줄을 알지 못해 혼자 끙끙 앓았다. 그러자 이세벨이 나선다. 이세벨은 먼저 남편의 이름으로 편지를 날조한다. 다음 나봇에 대해 거짓 증언을 할 불량한 자들을 세워 마침내 문제를 해결한다. 나봇은 돌에 맞아 죽었고 아합은 포도원을 차지하게 된다. 무고한 사람이 아합과 바알을 숭배하는 그의 아내의 계략에 의해 죽임을 당한 것이다.

"만물보다 거짓되고 심히 부패한 것은 마음이라 누가 능히 이를 알리요마는"(렘 17:9). 아합은 이 사실을 숨길 수 있다고 생각했지만 하나님은 모든 일을 알고 계셨다. 그리하여 하나님은 엘리야를 통해 아합의 집에 파멸을 알리셨다(왕상 21:17~29).

셋째, 아합의 패망과 죽음

아합 왕은 용감한 군인이었으므로 만일 그가 진리 가운데서 여호와를 따랐더라면 이스라엘을 아람과의 전쟁에서 승리와 평화로 인도할 수 있었을 것이다. 그러나 바알 숭배의 죄악에 빠졌고, 그의 불경건한 아내의 악한 영향이 결국 그를 패전으로 이끌고 갔다.

한 나라의 지도자가 하나님 앞에서의 불신앙으로 말미암아 나라를 패망시키고 말았다는 것을 우리는 크게 깨달아야 한다. 이것은 나라뿐 아니라 사회나 교회, 가정에도 마찬가지다. 결국 아합은 하나님 앞에 범죄한 것으로 인해 종말을 부끄러운 죽음으로 장식하고 말았다(왕상 22:29~40).

아합의 생애를 살펴볼 때 그의 죄는 우상 바알을 위해 여호와를 버린 데 있는 것이 아니라, 바알과 여호와를 함께 섬기려 했다는 데 있다. 우리는 예수님께서 하신 말씀을 잊어서는 안 되겠다.

"한 사람이 두 주인을 섬기지 못할 것이니 혹 이를 미워하고 저를 사랑하거나 혹 이를 중히 여기고 저를 경히 여김이라 너희가 하나님과 재물을 겸하여 섬기지 못하느니라"(마 6:24).

이 말씀을 마음속 깊이 간직하는 성도가 되자.

불의 선지자 엘리야

[왕상 17:1~7]

엘리야는 북왕국 이스라엘 최고의 선지자였다. 길르앗의 디셉 사람으로서(왕상 17:1), 이름은 히브리어로 '여호와는 하나님이시다', '하나님은 여호와시다' 라는 의미를 가지고 있다. 엘리야는 이스라엘 7대 왕 아합과 8대 왕 아하시야 시대에 활동했던 선지자이다.

그는 여호와의 종교가 박해를 당하고 우상 바알 종교가 기세를 떨치던 어두운 시대에 선지자로서 용감하게 신앙으로 투쟁하였다. 이러한 엘리야의 모습은 폭풍의 검은 구름들을 헤치고 나오는 빛나는 태양과 같았다.

엘리야 사역의 중요성은 그가 신약성서에서도 다른 선지자들보다 자주 등장하고(27회) 있다는 사실로도 증명할 수 있다. 그는 모세 이후 정신, 윤리적 확신의 정열로 국가의 운명에 대하여 예언한 통찰력을 겸유한 최초의 인물로 후에 등장하는 선지자들의 귀감이 되었으며, 에녹(창 5:24)처럼 죽음을 맛보지 않고 승천했다(왕하 2:11).

첫째, 엘리야는 하나님의 대적 앞에서 담대했다.

선지자 엘리야는 아합 왕 만나기를 두려워하지 않았으며 왕에게 진실을 말하는 것 또한 두려워하지 않았다.

"…내 말이 없으면 수년 동안 비도 이슬도 있지 아니하리라 하니라"(왕상 17:1). "…당신과 당신의 아버지의 집이 괴롭게 하였으니…"(왕상 18:18). 엘리야는 하나님을 거역하는 부패한 아합 왕 앞에 나타나 담대히 말함으로써 선지자의 길을 걷기 시작했다. 그는 믿음으로 일관하여 두려움 없는 용기로 불의와 맞서 싸웠다. 엘리야가 이렇게 담대할 수 있었던 것은 하나님이 그와 함께하셨기 때문이다(왕상 17:2).

진실로 하나님의 일꾼은 엘리야와 같이 담대함을 가지고 불의를 지적하며 하나님 말씀을 올바로 전해야 한다. 어떠한 외부 세력에도, 어떠한 환경에도 굴함이 없이 시대의 파수꾼의 역할을 충실히 할 수 있어야 한다.

둘째, 엘리야는 기도의 사람이었다.

엘리야가 신약성서에서 우리에게 모본으로 제시된 것은 기도의 문제에서 현저하다. 사도 야고보에 의해 "의인의 간구는 역사하는 힘이 많다"(약 5:16)는 주장을 증명하고 예증하기 위하여 엘리야의 기도가 선택된 것이다.

야고보서 5장 17~18절에 그의 기도가 인용되어 있다. 엘리야는 선지자로서의 사역을 감당하기 위해 항상 간절히 기도했던 것이다. 엘리야의 간절하고 열렬한 기도의 모습은 여러 군데에서 찾아볼 수 있다.

"여호와여 내게 응답하옵소서 내게 응답하옵소서 이 백성에게 주 여호와는 하나님이신 것과 주는 그들의 마음을 되돌이키심을 알게 하옵소서"(왕상 18:37). "…엘리야가 갈멜산 꼭대기로 올라가서 땅에 꿇어 엎드려…"(왕상 18:42). 엘리야의 간절한 믿음의 기도는 죽은 아이를 살렸고(왕상 17:21~22), 하늘에서 불이 내려 제물을 살랐고(왕상 18:37~38), 3년 6개월 동안의 기근을 그치고 큰 비를 내리게 했다(왕상 18:45). 복의 임재와 사역의 감당은 기도와 불가분의 관계에 있음을 깨닫자. 오순절 성령 강림도 120명의 무리가 성령충만하기까지 기도했기 때문이었다(행 2장). 우리는 주신 사명을 감당하기 위해 엘리야와 같이 기도하는 사람이 되자.

셋째, 엘리야는 믿음으로 인내했다.

하나님의 종들에게는 끈기가 필요하다. 야곱은 브니엘에서 온 밤을 천사와 씨름하였으며 동이 틀 무렵에는 승리했다. 엘리야는 기도만 한 것이 아니라 응답될 때까지 믿음으로 인내하며 기다렸다. 비오기를 간절히 기도했을 때 사환이 '아무것도'라는 절망스러운 표현을 했음에도 주춤거리지 않고 '일곱 번을 가라'(왕상 18:43)는 끈질긴 명령을 내린 것은 언약의 하나님이 자신의 간구를 들으시기까지 끈기 있게 기도하겠다는 믿음이었다.

우리는 하나님의 귀한 사역을 맡은 자들로서 '기도하고 낙망치 말아야'(눅 18:1) 한다. 우리는 '부지런히 그를 찾아야'(히 11:6) 한다. 사도 바울은 주님을 본받아서(마 26:44) 주께 세 번이나 간구했고(고후 12:8), 다니엘도 하루 세 번씩 끈기 있는 신앙으로 기도했다(단 6:10).

하나님께 대한 신앙이 확고할 때 엘리야처럼 어마어마한 숫자의 불의한 자들을 상대로 싸워 이길 수 있다. 우리는 믿음의 결사적 기도와 끈기 있는 신앙을 소유하여 하나님의 메시지를 분명하게 전하는 또 하나의 작은 엘리야가 되자.

남유다의 4대 왕 여호사밧

[왕상 22:41~50]

여호사밧은 히브리어로 '여호와께서 재판하신다', '여호와께서 심판하신다'는 뜻이다. 여호사밧은 아사 왕의 아들로 남유다의 4대 왕이었다. 그는 부왕을 본받아 하나님 보시기에 정직하게 행하고 25년 동안 나라를 잘 다스린 왕이었다. 여호사밧은 35세에 왕이 되었고 어머니의 이름은 아수바이다.

첫째, 여호사밧의 신앙

여호사밧 왕은 하나님의 위대하심을 늘 확고히 인식하고 하나님과의 관계를 뚜렷이 가진 신앙을 소유했다. 이 점이 그의 신앙의 훌륭한 점이었다. 우리는 그의 이 훌륭한 신앙을 역대하 20장에서 살펴볼 수 있다. 훌륭한 신앙은 역경 중에서 빛이 나고 그 위대함이 드러나게 된다.

여호사밧 왕이 태평성대를 누리고 있을 때 갑자기 연합군이 침범해 왔다. 위기 속에서도 그는 두려워하거나 당황하지 않았다. 그는 하나님의 성전으로 들어가 하나님께 기도했다(대하 20:3~4).

"우리 조상들의 하나님 여호와 주는 하늘에서 하나님이 아니시니이까 이방 사람들의 모든 나라를 다스리지 아니하시나이까 주의 손에 권세와 능력이 있사오니 능히 주와 맞설 사람이 없나이다"(대하 20:6). 이 기도 속에서 여호사밧의 하나님에 대한 분명하고 확고한 신앙의 모습을 찾아 볼 수 있다. 이러한 확고한 하나님에 대한 인식이 있었기에 하나님과 불가분의 관계를 이룰 수 있었다(대하 20:7~9). 또 이런 불가분의 관계로 하나님께 자신의 역경을 간절히 간구했고 그 결과 하나님께서 여호사밧 왕의 기도를 들으사 적군을 물리치고 승리하게 하셨던 것이다(대하 20:22).

하나님께서는 어제나 오늘이나 어느 때든지 한결같이 우리와 함께하시사 하나님에 대한 신앙이 여호사밧과 같이 확고하고 뚜렷한 성도의 기도에 응답해 주신다.

둘째, 여호사밧이 실패한 점

여호사밧은 선하고 위대한 왕으로서 우상숭배를 그 나라에서 깨끗하게 청소하고 백성에게 종교 교육을 실시하기도 했다. 그러자 주변 나라들이 여호사밧을 두려워했고 환심을 사려고 하기도 했다. 그러나 그는 불행하게도 중요한 일에 실패했다.

1. 그의 통치 13년에 이스라엘의 왕 아합과 동맹 관계를 맺기 위해 아들 여호람을 아합의 딸 아달랴와 결혼시켰는데(대하 18:1), 그 결과는 참담했다. 가문을 세우기는커녕 오히려 거의 패망을 당했기 때문이다(대하 22:10~11).

오늘날도 여호사밧과 같이 가문 때문에 또는 눈에 보이는 것 때문에 신앙을 희생시켜 가면서 하나님이 원하지 않는 결혼을 하는 사람들이 많이 있음을 깨닫자.

2. 아합과 함께 수리아와 전쟁을 벌였다가 거의 죽을 뻔했다. 그 결과 선견자 예후의 책망을 받았다(대하 19:2).

3. 이스라엘의 악한 왕 아하시야와의 동맹을 맺어 해상권을 가지려 했으나 실패했다(대하 20:35~37). 그 결과 엘리에셀의 책망을 받

앉으며(대하 20:37), 하나님이 그를 징책하시사 무역하려고 했던 배가 파상되었다(대하 20:35~37). 여기서 깨닫게 되는 것은 건전하고 올바른 신앙을 가진 성도는 사업이나 결혼을 할 때 불경건한 사람과 함께 해서는 안 된다는 점이다.

이렇게 잘못한 일들이 몇 가지 있었으나 여호사밧은 대체로 하나님과 불가분의 관계 속에서 확고하고 뚜렷한 신앙을 간직했고, 실패했을 때 즉시 돌이켜 그 실패를 거울로 삼아 더욱 확고한 신앙심으로 승리의 삶을 살았다.

"환난 날에 나를 부르라 내가 너를 건지리니 네가 나를 영화롭게 하리로다"(시편 50:15). 우리에게 닥치는 역경을 이기기 위해 여호사밧과 같이 확고한 믿음으로 기도할 때 역경을 순경으로 변화시켜 주시는 하나님의 놀라운 능력을 체험하게 될 것이다. 또한 혹시 실패했을지라도 낙심하지 말고 실패의 원인을 찾아 회개하는 사람에게는 하나님께서 함께해 주신다는 것을 분명히 믿는 성도가 되자.

갑절의 영감을 받은 엘리사

[왕하 2:1~14]

엘리사는 B.C. 9세기 북왕국 이스라엘의 예언자로서 그 이름은 히브리어로 '하나님은 구원이시다', '하나님의 구원'이라는 의미를 가지고 있다.

엘리사는 사밧의 아들로서 소 열두 겨리로 밭을 갈고 있을 때에 엘리야의 부름을 받고 따라가 그의 제자가 되었다(왕상 19:19~21). 엘리사가 선지자로 활동을 시작한 때는 아합이 통치하던 말년이거나(왕상 19:15~17), 아합의 아들 아하시야가 죽은 후 후사가 없어 대신 왕이 된 여호람의 통치 기간 초반기이다(왕하 1:17, 3:1). 이 때부터 시작해서 요아스 왕 통치의 초반기에 이르기까지 반세기에 걸쳐서 활동했다(왕하 13:14~21).

엘리사는 스승 엘리야의 사업을 계승한 뒤 충성으로 감당하여 '하나님의 사람'으로 외국에까지 이름을 알렸고, 친히 백성과 접촉하여 감화시켰다(왕하 4:1~37).

첫째, 영감을 받기 전의 엘리사

1. 요단강 골짜기 아벨므홀라에 묻혀 사는 무명의 사람이었다(왕상 19:16). 그의 이름이 널리 알려지지 않았음은 물론 골짜기에 묻혀 사는 존재 없는 인간의 생활을 되풀이 하였다.

2. 소 열두 겨리로 밭을 갈며 살던 농부였다(왕상 19:19). 그는 부름을 입기 전에는 육의 일만을 전심으로 하며 살았다. 그러나 예수

님은 말씀하셨다. "썩을 양식을 위하여 일하지 말고 영생하도록 있는 양식을 위하여 하라…"(요 6:27).

둘째, 갑절의 영감을 받은 엘리사

1. 은혜 받을 기회를 놓치지 않았다(왕상 19:19~20). 엘리사가 소 열두 겨리를 몰고 밭을 갈고 있을 때에 선지자 엘리야가 마침 그리로 지나가다가 엘리사를 만나 겉옷을 그 위에 던졌더니 엘리사는 소를 버리고 엘리야에게로 달려갔다. 겉옷을 던짐은 직무를 준 것을 의미한다.

엘리사는 그 귀한 직무 수행의 기회를 놓치지 않고 붙잡았다. 하나님은 때때로 우리 인간에게 순간적인 은혜의 기회를 부여하신다. 그것이 중요한 일이라면 지엽적인 것들은 제쳐놓는 결단이 필요하다. 우리는 엘리사와 같이 은혜의 기회를 놓치지 말아야겠다(고후 6:2).

2. 비장한 결심을 하고 끝까지 따라다녔다(왕하 2:2~6). 엘리야는 엘리사에게 세 번이나 헤어지자고 하였다. 길갈에 이르렀을 때도 여기에 머물라고 했고, 벧엘과 여리고까지 세 번이나 되풀이했지만 엘리사의 떠나지 않겠다는 결심은 요지부동이었다.

3. 자기를 포기했다(왕하 2:12). 엘리사가 자기 옷을 찢음은 자기 중심의 생각을 탈피하고 자기를 포기하는 표현이었다. 하나님의 능력의 겉옷을 입는 일은 자기 포기의 과정을 거칠 때 가능하다.

셋째, 영감을 받은 후의 엘리사

1. 하나님의 선지자가 되었다(왕하 4:1). 세상만을 위해 살고 육신

만을 위해 살던 그가 하나님의 사람이 되어 하나님이 쓰시는 귀한 일꾼이 되었다.

2. 사람 앞에 위엄 있는 자가 되었다(왕하 2:15). 엘리야의 생도들이 엘리사를 영접하고 그 앞에 무릎 꿇고 엎드려 경배하였다. 영감을 받으면 말과 행동에 권위가 나타난다.

3. 능력의 사람이 되었다(왕하 2:14). 엘리야에게 받은 겉옷으로 요단강을 치니 갈라졌고, 뿐만 아니라 여리고의 쓴 물을 달게 했으며(왕하 2:19~22), 빚에 쪼들린 생도의 처자에게 복이 임하도록 했고(왕하 4:1~7), 나아만의 나병을 고쳤으며(왕하 5:1~10), 아람 군대의 음모를 알아내어 외국의 침략을 막았고(왕하 6:8~12), 당시의 부패한 사상을 개조한 인물이 되었다(왕하 6:22~23).

오늘날 이 땅 위에는 우리가 해야 할 일이 많다. 그러므로 성령충만한 일꾼이 요구된다. 신앙적, 사상적, 도덕적으로 부패하고 타락한 이 시대에 사는 현대의 성도들은 엘리사와 같은 갑절의 영감을 받아 이 시대를 주도해 나감으로 참 하나님의 백성이 되어야 하겠다.

남유다의 10대 왕 웃시야

[대하 26:1~25]

웃시야는 히브리어로 '여호와는 나의 힘', '여호와의 힘'이라는 뜻이다. 그는 아마샤 왕의 아들로서 '아사랴'라고도 불렸다(왕하 15:1).

웃시야는 16세에 아버지 뒤를 이어 왕위에 올라 52년간 통치하였는데 여호와를 경외하며 나라를 다스려 나라가 번영하고 국력이 강해지게 했다. 그러나 후에 하나님 앞에 교만하여 성전에 들어가 자기 마음대로 분향하다가 하나님께 징계를 받아 나병이 발하여 외롭게 죽었다. 분향은 제사장 외에는 못하도록 되어 있다. 비록 왕이라도 못하게 되어 있다(대하 26:18).

첫째, 웃시야 왕의 신앙과 선정

웃시야 왕은 무엇보다도 하나님 앞에 경건했고 정직히 행하였으며 하나님의 영광만 찾는 신앙을 가진 사람이었다(대하 26:4~5). 웃시야의 이와 같은 마음은 분명히 자기 자신을 낮추고 하나님을 높이려는 신앙심에서 비롯된 것이다. 이러한 온전한 신앙을 가진 왕이었기에 자연히 하나님의 섭리 안에서 선한 정치를 하게 되었다.

웃시야의 군대는 하나님의 도우심을 받아 블레셋과 변방 여러 민족을 쳐서 그의 명성이 애굽 국경지까지 떨치게 되었고(대하 26:6~8), 또한 경제 부흥을 일으켜(대하 26:10) 목축업과 농업을 장려하여 가축과 곡식 등 많은 재산을 소유하게 되었다.

여기서 우리가 깨닫게 되는 것은 한 나라의 왕이 겸허한 마음으로 하나님을 의지하고 두려운 마음으로 섬길 때에 하나님께서는 그 민족에게 놀라운 복을 주신다는 사실이다. 그러므로 우리들도 겸손한 마음으로 주님을 섬겨야 하겠다.

둘째, 웃시야 왕의 범죄

웃시야 왕의 죄는 교만한 마음으로부터 시작되었다.

"그가 강성하여지매 그의 마음이 교만하여 악을 행하여 그의 하나님 여호와께 범죄하되 곧 여호와의 성전에 들어가서 향단에 분향하려 한지라"(대하 26:16). 그 교만의 원인을 찾아보면 강해졌기 때문이다(대하 26:16). 바로 이것이 문제인 것이다.

웃시야는 하나님의 도우심을 힘입어 강성하게 됐음에도 불구하고 마음이 교만해졌던 것이다. 강성하게 된 것이 마치 자기의 공로인 것처럼 착각에 빠지게 될 때 신앙의 위험한 장애물인 교만에 이르게 된다.

마음속에 교만이 싹트게 되자 오직 내가 아니면 안 된다는 생각으로 발전하여 제사장만이 관여할 수 있는 향단을 왕권으로 침범하였던 것이다. 즉, 하나님의 말씀에 불순종하게 된 것으로 말씀의 진리에 불순종하여 하나님의 말씀을 왕권 아래 두려는 교만한 태도였던 것이다(대하 26:17~19).

사람에게 교만한 마음이 생기면 웃시야 왕같이 내가 아니면 안 된다는 교만한 생각을 갖게 되고 그 결과 진리의 말씀에 불순종하게 되며 질서를 파괴하고 혼돈 가운데 빠지게 된다는 사실을 깨달아야 한다. 그러므로 우리 성도들은 현재의 우리 위치를 분명히 깨달아

추호도 교만한 자리에 앉지 말아야 할 것이다.

셋째, 웃시야 왕의 범죄 결과

하나님의 선택된 백성인 유다 민족의 왕이라는 귀한 자리에 있는 사람이 하나님 앞에 범죄함으로써 여러 가지 불행한 일들을 당하게 되었다.

그는 하늘의 벌이라고 하는 나병에 걸렸다(대하 26:19~21). 나병으로 고생하다가 비참하게 되었고 여호와의 전에서 끊어졌으며(대하 26:21), 별궁에서 다른 사람들과 격리된 생활을 하다가 죽은 후 그 시체는 열왕의 묘실에 장사되지 못하고 거기에 접해 있는 땅에 매장되었다(대하 26:23).

교만한 마음은 마귀가 가져다주는 신앙적 죄 가운데 가장 무서운 죄악이다. 그러므로 우리는 날마다 자신을 돌아보아서 혹시 교만한 자리에 앉지는 않았는지, 교만한 생각을 하고 있지는 않은지, 교만한 말을 하고 있지는 않은지 항상 살펴보아야 할 것이다. 그리고 더 나아가 하나님 앞에 경건하고 정직하고 겸손한 신앙의 자세를 유지하며 살아가도록 최선을 다해야 할 것이다.

생명을 연장 받은 왕 히스기야

[왕하 18:1~8]

히스기야는 히브리어로 '여호와의 힘', '여호와는 강하심'이라는 뜻을 가지고 있다.

히스기야 왕은 유다 13대 왕으로 부왕 아하스를 이어 왕이 되었는데 약 29년간(왕하 18:2) 통치하였으며 하나님을 잘 공경하고 신앙으로 나라를 다스려 '이스라엘 역사상 저와 같은 자가 없었다'는 평을 들었다(왕하 18:5).

히스기야 왕은 25세에 즉위하여 53세에 죽었는데, 부왕 아하스는 악한 왕이었으나 히스기야는 선지자 이사야의 예언과 감화로 즉위한 후 즉시 성전을 성결하게 하고(대하 29:15), 전국에 유월절 참석을 권유하며 신앙을 부흥시켰고 나라를 흥황시킨 왕이었다.

첫째, 하나님 보시기에 진실한 신앙의 소유자였다.

히스기야의 부친 아하스는 하나님을 멀리하고 우상 숭배를 한 악한 왕이었다. 그러나 모친 아비야는 스가랴 선지자의 딸(대하 29:1)이었기에 신앙이 독실하였음에 분명하다.

히스기야는 비교적 어린 나이에 왕위에 올랐기에 모친의 신앙을 본받았을 것으로 생각할 수 있다. 그러므로 어머니의 신앙을 본받은 디모데(딤후 1:5)의 신앙이 진실했듯이 히스기야도 진실한 믿음을 어릴 때부터 소유했고, 왕이 되었을 때도 하나님 앞에 정직히 행하였다(왕하 18:3).

그의 올바른 신앙은 부왕 아하스가 섬기던 모든 산당과 우상을 훼파하고(왕하 18:4), 하나님의 성전을 성결케 하였으며(대하 29:3~5), 여호와께 연합하여 계명을 지키는 삶으로 나타났다(왕하 18:6). 그 결과 그에게 여호와께서 함께하시므로 저가 어디로 가든지 형통하게 되는 놀라운 복 된 삶을 살게 되었다(왕하 18:7).

거짓이 관영한 이 시대에 하나님 보시기에 진실한 신앙을 소유한 일꾼이 필요하다. 하나님은 청결하고 정직한 마음과 믿음을 소유한 사람을 돌아보시고 형통케 하신다(욥 8:6).

둘째, 겸손히 기도하는 신앙의 소유자였다.

유다 나라가 앗수르의 침략으로 위급한 때(왕하 18:28~35), 고침 받기 힘든 중병에 걸렸을 때(왕하 20:1), 히스기야는 하나님께 겸손히 기도했다(왕하 19:14~19, 20:2).

"믿음의 기도는 병든 자를 구원하리니 주께서 그를 일으키시리라 혹시 죄를 범하였을지라도 사하심을 받으리라"(약 5:15). 기도의 응답으로 하나님은 그의 수명을 15년 더 연장해 주셨다. 이 놀라운 기적은 아하스의 해시계가 후퇴한 것으로 지구의 역전을 의미한다(왕하 20:6~11, 수 10:12).

성도는 쉬지 말고 기도해야 한다(살전 5:17). 순경에나 역경에나 항상 기도하는 자세를 유지해야 한다. 히스기야 왕은 쉬지 않고 어느 때든지 겸손히 기도함으로(사 38:10~20) 기도의 응답 속에서 복 있는 삶을 살게 되었다(사 37:36, 38:1~8). "여호와여 주는 겸손한 자의 소원을 들으셨사오니 그들의 마음을 준비하시며 귀를 기울여 들으시고"(시 10:17).

셋째, 히스기야의 실수와 그 결과

히스기야가 병들었다가 여호와의 기적으로 고침받았다는 소식을 듣고 바벨론 왕이 사신을 보냈다. 히스기야는 그 사신들에게 여호와를 증거하지 않고 도리어 유다의 보물들을 보여 주며 자랑하기에 급급했다.

이러한 히스기야의 실수로 인해(왕하 20:15) 선지자 이사야로부터 유다에 임할 벌이 무엇인지 지적받게 되었다(왕하 15:16~18). 그 지적은 다음과 같다.

1. 왕궁의 모든 보물이 바벨론으로 옮겨질 것이다(17절).
2. 히스기야의 자손이 바벨론으로 잡혀가 환관이 될 것이다(18절). 이러한 예언은 그 후 100년 동안 차례로 성취되었다(왕하 24:13, 24:15, 25:6~7). 이처럼 한순간의 실수가 엄청난 결과를 초래한 것이다. 우리는 기회 있을 때마다 여호와를 증거하는 삶에 주저하지 말자.

하나님이 우리에게 주신 마음은 흠이 없는 거룩하고 진실한 마음이다. 이 마음이 변하지 않도록 겸손히 기도하는 성도가 되자. 이러한 성도는 승리하는 삶을 살게 될 것이다.

"너는 말씀을 전파하라 때를 얻든지 못 얻든지 항상 힘쓰라 범사에 오래 참음과 가르침으로 경책하며 경계하며 권하라"(딤후 4:2).

바울 사도의 이 말씀을 따라 사는 성도가 되자.

종교 개혁자 요시야

[왕하 22:1~13]

요시야는 히브리어로 '여호와가 고치신다', '여호와가 후원한다'는 뜻이다. 요시야는 므낫세의 손자이며, 아몬의 아들로 8세에 왕이 되어 B.C. 640~609년까지 31년 동안 통치한 유다 16대 왕이다.

부친 아몬 왕은 그 아버지 므낫세 왕의 우상 숭배를 계속하다가 즉위 2년 만에 자기의 신복에게 암살을 당했다. 그래서 8세의 어린 요시야가 왕이 되었다. 요시야 치세 중 특별한 일은 성전을 수리하다가 잃었던 율법책을 찾은 것(왕하 22:11, 대하 34:19)과 그로 인한 종교개혁으로 성경에는 그의 치적을 잘 말해 주고 있다(왕하 23:25).

첫째, 하나님 앞에 진실한 사람이었다.

그는 불과 8세의 매우 어린 나이에 왕위에 올라 국정 전반을 맡게 되었다. 8세의 어린 소년 요시야는 그의 아버지와 할아버지의 나쁜 영향보다는 조상 다윗 왕의 정통적인 신앙 노선을 본받아 좌로나 우로나 치우치지 아니하는 진실한 신앙을 가진 사람이었다(왕하 22:2).

요시야는 끝까지 겸손히 하나님만 바라보며 정직하게 행하였다. "이와 같이 요시야가 이스라엘 자손에게 속한 모든 땅에서 가증한 것들을 다 제거하여 버리고 이스라엘의 모든 사람으로 그들의 하나님 여호와를 섬기게 하였으므로 요시야가 사는 날에 백성이 그들의 조상들의 하나님 여호와께 복종하고 떠나지 아니하였더라"(대하 34:33). 오늘날에도 하나님께서는 하나님 앞에 정직히 행하는 사람을 찾고 계신다.

"여호와의 도가 정직한 자에게는 산성이요 행악하는 자에게는 멸망이니라"(잠 10:29). "공의와 정의를 행하는 것은 제사 드리는 것보다 여호와께서 기쁘게 여기시느니라"(잠 21:3).

사람들은 거짓이 영원히 감춰지리라고 생각한다. 그러나 인간은 거짓을 만들어 낼 수는 있어도 하나님께서는 언젠가 그것을 밝혀내고 마신다. 그러므로 정직하게 말하고 정직하게 행동하는 성도가 되자.

둘째, 말씀에 중심을 둔 사람이었다.

요시야 왕은 왕위에 오른 지 18년이 되는 해에 서기관 사반을 대제사장 힐기야에게 보내어 무너진 성전을 수리하게 하였다. 그런데 힐기야가 그 성전을 수리하다가 여호와의 성전에서 율법책을 발견하여 요시야 왕에게 전하였다.

그 율법책을 서기관 사반이 왕 앞에서 읽자 이를 들은 요시야 왕은 그 옷을 찢었다고 하였다(왕하 22:11). 그 이유는 아마도 사반이 읽은 부분이 이스라엘이 여호와를 떠나 살면 여호와의 저주가 있을 것이라는 말씀이었기 때문인 것 같다(왕하 22:13). 이 발견된 율법책에 비추어 자기와 백성과 나라의 장래가 어떻게 될 것인지 여호와께 알아보라는 것이다.

요시야 왕은 그 율법책을 여호와의 말씀으로 여겼다. 이것이야말로 성경을 하나님의 말씀으로 믿는 성도의 모범이요, 말씀 중심의 신앙생활의 모범인 것이다. 하나님 말씀은 우리에게 많은 유익을 주는데(딤후 3:15~17), 특별히 성도들을 영적으로 자라게 하는 능력이 있다.

셋째, 종교개혁을 단행한 결단력 있는 사람이었다.

요시야 왕은 종교개혁을 단행하기 위해서 전국적으로 지도자들과 백성을 소집하고 여호와의 말씀을 근거로 종교개혁을 시작하였다. 그 목적은 요시야 왕 자신을 비롯하여 온 국민이 마음을 다하고 성품을 다하여 여호와께 순종하고 계명과 법도와 율례를 지키기 위함이라 하였다(왕하 23:3). 구체적인 그의 종교개혁은 다음과 같다.

1. 성전 수리를 단행했다(왕하 22:3~7).
2. 우상숭배를 배척했다(왕하 23:4~20).

이와 같은 종교개혁을 단행할 수 있게 된 것은 그의 결단력 있는 신앙심 때문이었다. 요시야 왕의 이러한 신앙심은 오늘 이 시대의 우리에게 참으로 모범이 되고 있다.

요시야 왕은 어려서 왕이 되었지만 전심전력으로 하나님을 섬겼으며 부패한 종교를 개혁하였다. 우리들도 전심으로 하나님을 섬기고 하나님을 위해 충성하여 하나님의 사명을 다하도록 하자.

예루살렘 성전을 재건한 느헤미야

[느 1:1~11]

느헤미야는 히브리어로 '여호와께서 위로하신다'는 뜻을 가지고 있다. 느헤미야는 유다 지파 하가랴의 아들로서 바사 궁전에서 아닥사스다 1세에게 신임을 받고 관원이 되었다가(B.C. 465~424) 유다의 총독에 임명되어 예루살렘에 귀환하여 난관을 무릅쓰고 예루살렘 성곽을 중수하였다(B.C. 444년). 그는 또 바벨론에서 유대교 보존에 힘썼고 귀국 후에도 팔레스틴에 유대교의 기초를 확립하는 데 공을 세웠다.

역대 왕들과 왕국들의 이야기에 있어서 느헤미야만큼 중요한 인물은 없다. 왜냐하면 그는 유능한 사람으로 많은 사람들이 놀라 했고(느 6:15~16), 악습을 개혁하고 법과 질서를 확립하여 예배와 성회를 부흥시켰고(느 8:1~18), 자신을 돌보아 청렴결백한 인격을 유지했으며(느 5:14~18), 수많은 반대자들의 모략을 견디며 학사 에스라를 참여시켜 개혁 운동을 성공적으로 이끌었다(느 8:1). 그는 이스라엘 종교사상 특수한 인물로 유대교의 건설에 가장 크게 공헌한 '제2의 건설자'라고 할 수 있다.

첫째, 기도의 사람이었다.

그의 생애를 살펴보면 기도로 일관되었다고 할 수 있다. 그는 하나님의 전지전능을 믿는다는 이론만으로 세월을 보내지 않았다. 그는 가만히 앉아서 일이 되기를 기다리는 운명론자가 아니었다.

자기의 고국과 예루살렘이 큰 환란을 당하여 훼파됨을 듣고 금식하며 기도했다(느 1:4~11). 느헤미야는 이스라엘의 범죄를 자기 죄를 회개하듯 자복하고 이스라엘을 위한 자기의 기도를 들어 주시기를 간구했는데 그 기도가 이루어지기까지 기도를 쉬지 아니한 신앙의 사람이었다(느 1:6). 느헤미야가 어려움을 당할 때마다 먼저 기도한 것이 바로 그의 승리의 비결이었다(느 4:9). 하나님께서는 과거에나 오늘에나 기도하는 사람을 크게 사용하신다.

둘째, 담대한 신앙을 소유한 사람이었다.

애국자 느헤미야가 고국의 소식을 듣고 금식하며 눈물로 기도하느라 마음이 편치를 않아 얼굴에 수색이 있으므로 아닥사스다 왕이 그 원인을 물었다. 그리고 무엇을 원하는지 묻자 고국에 가서 예루살렘 성을 중건하게 해 달라고 간청했다(느 2:1~5). 하나님께서 왕의 마음을 감동케 하시므로 왕은 쉽게 그 요청을 허락하고 호위병까지 동행케 하였다(느 2:8~9).

느헤미야는 하나님의 은혜로 그립던 고국에 돌아와 예루살렘 성을 돌아보고 성의 중건에 착수하고자 하였다. 그러나 반대하고 비난하는 자들이 있었다(느 2:19). 느헤미야는 담대한 신앙으로 이 모든 반대자들의 방해 공작을 극복해 나아갔다(느 2:20). 그리하여 느헤미야를 중심으로 민중들이 힘을 합하고 성전 중건이 진행되었다.

그러나 원수들은 계속 성전이 무너질 것이라며(느 4:3) 조소했다. 민중들 중에도 공포에 떠는 자들이 생겨 내우외환의 난관에 봉착하였지만 느헤미야는 조금도 약해지지 않고 담대한 신앙으로 그의 정책을 강행하였다(느 4:16~20).

그의 담대한 신앙으로 예루살렘 성 중건 공사가 52일 만에 끝나게 되었다(느 6:15). 느헤미야는 겸손하게 주님을 의지하고 담대한 신앙으로 성역을 쌓아 모든 장애물과 반대자들을 극복하였다. 여기서 우리가 깨닫게 되는 것은 모든 일들이 하나님과 함께하심으로 가능하다는 사실이다(마 19:26).

셋째, 책임감 있는 사람이었다.

느헤미야의 마지막 과업은 부패한 사회와 종교를 개혁하여 민족의 순결성을 회복하는 일이었다(느 13:1~27). 그 일이야말로 불굴의 결단력과 책임감을 필요로 하는 중대한 일이었다. 느헤미야는 자기의 지위가 높아지고 국가와 민족을 위한 임무가 가중될수록 하나님의 허락하신 뜻과 은총임을 믿고 더욱더 하나님의 일을 책임감 있게 실행한 모범을 보였다.

교회에는 영적 지도자들이 필요하다. 느헤미야는 현대를 사는 우리에게 훌륭한 영적 지도자로서의 귀감이 되고 있다. 오늘의 세계 교회는 물론이거니와 한국 교회와 그리스도인들에게 느헤미야가 활동했던 시대와 같이 개혁되어야 할 것이 많다. 교회 안은 물론 그리스도인들 각자 마음에 있는 형식주의적이고, 자기중심적이며, 인본주의적이고, 물질주의적이고, 세속화된 것들을 단호히 개혁해야 할 것이다.

오늘 우리에게 이런 귀중한 사명이 주어졌음을 인식하고 느헤미야와 같은 진리와 신앙으로 무장한 교회와 우리가 되어 하나하나 개혁해 나아가는 성도가 되어야겠다.

민족을 구한 에스더

[에 3:1~6]

에스더는 베냐민 사람 아비하일의 딸로서 일찍이 부모를 여의고 사촌오빠 모르드개 밑에서 딸처럼 자랐다(에 2:7). 에스더라는 이름은 페르시아식 이름으로 '별(星)'이란 뜻이며, 그녀의 히브리 이름은 '하닷사'인데 '도금양 나무'라는 뜻이다.

바사의 아하수에로 왕은 그 치세의 혁혁함을 과시하기 위해 큰 향연을 베풀고 제7일에 7인의 어전 내시에 명하여 왕비 와스디를 불렀다. 그런데 왕비가 왕명을 거역하고 나오지 않자 분노하여 와스디를 폐하고 대신 에스더를 피택한 것이다(에 2:16~17).

왕의 신임을 받는 교만한 하만이 모르드개 및 모든 유다인을 학살하려 하자 에스더는 죽음을 각오하며 용기 있는 태도로 왕께 나아가 이스라엘 백성을 구원하였다. 유다인의 학살 예정일인 12월 13일은 오히려 그들의 위대한 승리의 날이 되었다. 이것은 유다인의 큰 명절의 하나인 '부림절'의 기원이기도 하다.

첫째, 겸손과 순종의 신앙을 소유했다.

에스더는 외모가 매우 아름다웠다(에 2:7). 뿐만 아니라 마음도 매우 착하였다. 그러므로 모든 보는 자에게 귀여움과 사랑을 받게 되고(에 2:15), 바사 왕에게 총애를 받은 것이다(에 2:17). 또한 도덕 윤리적으로도 훌륭함을 지녀서 사촌오빠 모르드개를 부모처럼 공경하며 겸손하게 순종하였다(에 2:22). 에스더가 지닌 겸손과 순종의

미덕은 왕후에 오른 후에도 변함이 없었다(에 4:10~17).

사람들은 남녀를 막론하고 지위가 높아지면 다른 사람의 지도를 받지 않으려 한다. 그러나 에스더는 변함없이 순종의 미덕을 감수하였다. 만일 그가 왕궁에 들어간 후 모르드개의 지도에 순종하지 않는 자로 변하였더라면 후일 유다인들을 하만의 손에서 건져내는 위대한 일을 하지 못했을 것이다. 예수님께서도 말씀하셨다.

"나는 마음이 온유하고 겸손하니 나의 멍에를 메고 내게 배우라 그리하면 너희 마음이 쉼을 얻으리니"(마 11:29). 우리 믿음의 사람들은 에스더와 같이 변함없는 겸손과 순종을 소유하여야 한다.

둘째, 일사각오의 신앙을 소유했다.

에스더서에는 '하나님'이라는 단어가 한 번도 나오지 않는다. 그러나 그녀가 하나님을 경외하고 유다 민족을 위하여 3일간 금식기도를 드리고 '죽으면 죽으리라'는 각오로 왕에게 나아간 것과 왕에게 자기 백성을 구해 줄 것을 간청했고(에 7:3~4), 자기 백성을 멸하려는 자가 하만이라고 담대히 말한 것(에 7:6)을 볼 때 하나님에 대한 확고한 믿음이 있었기에 그렇게 담대할 수 있었으리라 본다.

이러한 담대함은 의를 사수하려는 일사각오의 신앙의 결과로 볼 수 있다. 에스더와 같은 일사각오의 신앙을 소유할 때 불의와 싸워 이길 수 있는 담대한 믿음의 성도가 될 수 있다. 그러나 일사각오의 신앙을 가지고 행동한다는 것은 결코 쉬운 일이 아니다. 오로지 에스더와 같이 금식하며 기도하고 자기 자신을 의지하지 않고 전능하신 하나님만 확고히 의지할 때 가능한 것이다(에 4:16).

우리 믿음의 사람들은 하나님의 의로 부름받은 자들이다(사

42:6). 그러므로 에스더와 같이 의를 지키기 위해 생명까지도 버릴 수 있는 일사각오의 신앙을 가지고 불의한 이 시대를 구원하는 용사가 되어야겠다.

셋째, 애국애족의 신앙을 소유했다.

에스더의 '죽으면 죽으리라' 는 일사각오의 신앙으로 인하여 유다 민족은 구원을 받게 되었다(에 9:22). 여자의 몸으로 민족을 구한 용기와 애국심은 우리에게 큰 교훈을 주고 있다. 또한 국가와 민족을 큰 위기 가운데서 건져내기 위해 금식하며 눈물로 기도했던 그녀의 신앙은 오늘 우리에게 큰 교훈을 주고 있다.

자신의 아름다움과 축복의 기회를 자신의 영달만을 위해 쓰지 않고 조국과 민족을 위해 귀하게 헌신했던 에스더의 애국애족의 신앙은 바로 오늘 우리 성도들의 신앙이 되어야 한다.

지금도 분단된 조국의 아픔을 간직하고 있는 우리 민족의 통일을 앞당길 수 있는 길은 오로지 에스더와 같이 '죽으면 죽으리라' 는 결사적인 신앙으로 민족의 통일을 위해 눈물 뿌려 기도하는 것밖에 없다. 속히 이루어지지 않는다고 실망하지 말고 소망과 확신을 가지고 끝까지 구국의 기도를 쉬지 않는 성도가 되어야겠다.

에스더는 요셉이나 다윗과 같이 하나님이 예비하신 인물이다. 하나님께서는 그의 목적을 위하여 필요한 사람을 숨겨 놓으셨다가 때가 이르면 그들을 앞으로 내세워 그의 계획을 이루신다. 우리도 에스더의 신앙을 본받아 언제나 하나님께 쓰임 받을 수 있는 성도가 되자.

의인 욥

[욥 1:1~5]

욥은 히브리어로 '그가 울부짖는다', '그가 원한다', '적을 가진 자' 라는 뜻이다. 아브라함 시대에 지금의 아라비아와 팔레스틴 국경 지대에 살았던 욥은 '우스' 라고 하는 일대의 300여 부족 중에서 가장 부유한 족장이었다.

욥은 의인이요, 하나님을 잘 공경하였다. 그는 구약의 성인으로서 하나님의 인정을 받았다. 사탄의 시험으로 하루아침에 재물과 자식을 모두 잃고 악창의 질병까지 걸렸으나 끝까지 하나님을 원망하지 않고 믿음을 지켰다. 그 결과 이전보다 더한 하나님의 복을 받았다.

욥의 역사성을 부인하는 자들도 있으나 세일의 후손으로서 에스겔 14장 14절에 보면 욥이 실제 인물임을 나타내고 있으며, 신약에는 욥을 가혹한 시험을 견뎌 낸 인내의 귀감으로 기록하고 있다(약 5:11).

첫째, 욥은 하나님이 인정하신 의인이었다.

욥을 순전하고 정직하며 하나님을 경외하며 악에서 떠난 사람으로 성경은 기록하고 있다(욥 1:1). 욥이야말로 가장 전형적인 의인으로서 모범적인 인물이다. 하나님의 판단에 있어서도 특별한 영예를 가지고 있는 사람이었다.

욥은 '순전한 자' 로서 전체적이고 완전한 성품의 소유자이다. 인간적 약점이 그에게 없었던 것은 아니다. 그러나 그 행위와 성품에 있어서 책망할 것이 없었다. 정의를 가진 사람, 자제력이 있는 사람, 율법을 지키는 정신의 소유자였다.

욥은 정직한 자였다. 하나님과 인간에 대한 올바른 관계를 견지한 사람이었다. 그 소행에 있어서도 정확하고 청렴하며, 진리의 사람으로 '하나님을 경외하는 자'였다.

그러기에 하나님께 대한 경건하고 복종적이며 종교적인 의무를 다한 자로서 헌신적인 사람이었다. 주를 경외하는 것이 지혜의 근본(잠 1:7)임을 몸소 보여 준 산 증인이었다.

이와 같이 '순전하고 정직하며 하나님을 경외한 자'였기에 하나님이 인정하지 아니한 모든 것에서 초연했다. 이러한 성품의 소유자는 하나님의 종으로 적합한 자이며, 이러한 사람에게는 하나님의 복이 임한다. 그러나 그러한 사람이라 해서 시련을 받지 않는 것은 아니다(시 140:13).

둘째, 욥은 변함이 없는 신앙의 사람이었다.

욥기를 펼치면 우리는 수많은 재물과 다복한 가족과 높은 지위의 친구들에 둘러싸여 즐겁게 사는 욥을 볼 수 있다(욥 1:2~5).

욥은 그런 좋은 환경 가운데서 하나님을 철두철미 경외했으며(욥 1:1), 많은 재산을 잃고(욥 1:14~17) 열 자녀를 잃은 고통(욥 1:18~19) 가운데 있을 때도 하나님을 원망하기보다는 차라리 자신을 저주했다(욥 3장).

건강을 잃고(욥 2:7~8), 아내의 위로를 잃었고(욥 2:9), 친구들로부터 지팡이 끝으로 조롱받는 고통을 당하는 중에도 전능하신 하나님,

천지를 지으시고 사람의 생사화복을 주장하시는 여호와 하나님을 우러러보고 변함없이 신뢰했다(욥 1:21~22).

성도의 신앙생활은 항상 좋은 여건에서만 하는 게 아니다. 때론 감당하기 어려운 시련과 역경이 닥친다. 그럴 때 욥의 변함없는 신앙을 바라보고 승리하자.

셋째, 욥은 엄청난 복을 받은 사람이었다.

하나님의 사람 욥은 그토록 모진 시련, 험한 시험 가운데서도 마침내 하나님을 신뢰하는 신앙을 지킴으로써 처음보다 더 많은 재산의 복과 자녀의 복(욥 42:12~13), 보다 더 깊은 신앙(욥 23:10, 42:5)과 기도의 향상(욥 42:10)과 건강과 장수의 복(욥 42:16)을 받았다. 그러면 그의 승리 비결은 무엇이었을까?

1. 겸손히 회개했다(욥 1:20, 42:6).
2. 순전한 믿음을 지켰다(욥 2:3).
3. 끝까지 인내했다(욥 42:8).
4. 하나님을 찬송하고 원망하지 않았다(욥 1:21~22, 2:10).
5. 자기 부정의 기도를 드렸다(욥 42:10).

하나님께 매일 기도를 드린다고 해서 자신이 원하는 소망이 하루 아침에 다 이루어지는 것이 아니므로 우리는 욥과 같이 인내와 변하지 않는 하나님에 대한 신앙을 마음속 깊이 지켜 나가는 것이 중요하다.

대선지자 이사야

[사 6:1~8]

이사야는 히브리어로 '여호와가 구원하신다', '여호와의 구원'이라는 의미를 가진다. 이사야는 아모스의 아들로 B.C. 770년경 예루살렘에서 출생하였는데 3대 선지자 중에서도 가장 위대한 선지자였다. 그는 웃시야, 요담, 아하스, 히스기야 4대에 걸쳐 예언했다. 활동 기간은 B.C. 742~700년경이며 아모스 선지자보다 20년 후, 호세아 선지자와는 거의 동시대, 그리고 미가 선지자보다는 앞서 활동하였다.

이사야 선지자는 므낫세가 왕위에 올라 박해하여 몸뚱이가 톱으로 잘려지는 죽음을 당했다 한다(히 11:37). 이사야는 담대하고 정직한 성품의 소유자였으며 또한 사랑과 온유함도 소유했고 여호와의 말씀을 청종하는 자였다.

첫째, 소명받은 이사야

이사야의 모든 능력의 비결은 성전에서 경험한 이상에 있었다. 신비한 경험은 그로 하여금 스스로 부족함을 깨닫게 하였고 죄로 가득한 세상을 구하고자 하는 진정한 사명감을 느끼게 했다. 그는 성전에서 이상을 본 후 회개하였다(사 6:5). 마음을 찢으면서 회개하는 이사야에게 하나님은 숯불을 가져다가 입술에 대시며 죄를 사했다고 말씀하셨다(사 6:6~7).

죄 사함을 받은 이사야의 귀에 사명자를 구하는 음성이 들렸다

(사 6:8). 이 음성은 하나님께서 그를 선지자로 내세우는 소명이었다. 이 같은 소명을 받고 그는 즉각적인 순종하는 마음으로 "내가 여기 있나이다. 나를 보내소서"라고 말할 수 있었던 것이다. 죄 사함의 기쁨과 하나님께 대한 신뢰와 확신이 있을 때 "내가 누구를 보낼꼬?" 하는 하나님의 음성을 들을 수 있고, "여기 내가 있으니 나를 보내소서."라고 응답할 수 있는 것이다.

둘째, 메시야를 예언한 이사야

이사야 선지자는 맡은 사명을 최선을 다해 이행하려고 힘썼다. 이스라엘 백성들의 죄악을 밝히 드러내고 그들이 회개하고 하나님께 돌아올 것을 호소했던 것이다. 그러나 그의 예언의 주제가 된 것은 '오실 분', 곧 '예수님'에 대한 것이었다. 그는 메시야의 동정녀 탄생(사 7:14)과 이새의 자손 중에서 탄생할 것(사 11:1, 10)을 예언했고, 우리를 위해 고난당하시는 구속자를 자세히 예언했다(사 53:1~12).

예수님은 실로 우리의 질고를 지고 우리의 슬픔을 대신 당하셨다(사 53:4). 우리가 그릇 행하여 각기 제 길로 갔을 때 여호와께서는 우리 무리의 죄악을 그에게 담당시키셨다(사 53:6). 하나님의 말씀에서 가장 중요한 것은 속죄하여 주시는 구주에 대한 말씀이다.

속죄라는 말은 내 죄를 담당하고 나를 영원히 구원해 주심을 의미한다. 예수 그리스도의 구속 사역의 결과로 하나님의 복이 우리에게 주어진 사실을 알자. 이사야는 메시야가 부자의 묘실에 장사될 것(사 53:9)과 메시야의 사명(사 61:1~3), 예루살렘 입성(사 62:11)까지 자세하게 예언했다.

셋째, 미래의 영광을 예언한 이사야

우리는 이사야서에서 그리스도를 볼 수 있으며 또한 '그가 오시리라' 그리고 '그가 다시 오시리라' 고 부르짖는 선지자의 목소리를 들을 수 있다.

"일어나라 빛을 발하라 이는 네 빛이 이르렀고 여호와의 영광이 네 위에 임하였음이니라"(사 60:1). 그리스도의 복음의 빛을 받은 자는 힘써서 그 빛을 발해야 한다. 즉 복음을 힘써서 전해야 한다는 뜻이다.

여호와께서 그리스도에게 기름을 부으신 것은 가난한 자에게 아름다운 소식을 전하게 하려 하심이라(사 61:1)고 이사야는 예언했다. 여기 '가난한 자' 라는 말은 히브리 원어로 '아나윔' 이라고 하는데 '괴로움 당하는 자들' 이라는 뜻이다.

또한 이사야는 그리스도의 재림 후에 이루어질 복된 세계에서는 여호와가 우리의 영원한 빛이 되고 우리의 슬픔의 날이 마칠 것이라고 예언했다(사 60:20). 이사야는 그리스도의 영광스러운 나라를 보았고(사 59:20~21, 65:17~25), 또한 새 하늘과 새 땅도 보면서 예언했다(사 66:22).

이사야는 하나님의 부르심에 응답하였고 하나님을 위하여 일하도록 보냄을 받았다. 우리는 이 시대의 이사야가 되어야겠다. 주님께서 우리에게 성령이 임하면 권능을 받고 증인이 되라고 말씀하셨다(행 1:8). 그러므로 어느 곳에서 무엇을 하든지 주님의 증인으로서의 사명을 감당하자.

눈물의 선지자 예레미야

[렘 1:1~10]

예레미야는 B.C. 640년에 예루살렘 북쪽 베냐민 땅 아나돗에서 제사장 힐기야의 아들로 태어나 요시야 왕 13년부터 시드기야 왕 11년 말까지 선지자로 부름받아 예루살렘과 유다의 멸망을 예언해야 했던 히브리 왕국의 쇠퇴와 멸망 기간의 수난의 선지자였다.

그의 이름은 히브리어로 '여호와께서 세우시다', '여호와께서 높이시다', '모태에서 낳아 떨구신다' 라는 의미를 가지고 있다. 그는 누구보다도 예루살렘을 사랑하고, 예루살렘의 구원을 위해 많은 눈물을 흘렸기에 그를 '눈물의 선지자' 라고 부르기도 한다.

그의 최후는 확실하지는 않지만 애굽을 지지하는 세력에 의해 강제로 애굽에 끌려가서 우상 숭배를 공격했기 때문에 돌에 맞아 죽었다고 한다.

첫째, 선지자로서의 그의 소명

하나님께서는 선택한 백성이 역사상 가장 큰 시련기에 있을 때 한 젊은이를 택하셔서 선지자로 임명하셨다. 그는 하나님께 부름을 받았을 때 어린 사람으로서 자신의 무경험과 연약성을 느끼고 선지자 직분을 맡지 않으려 했다(렘 1:6).

그 때에 하나님은 그를 격려해 주셨다(렘 1:7~8). 그러나 예레미야는 계속 망설였고 마침내 하나님께서 손을 내밀어 예레미야의 입에 대며 말씀하셨다.

"여호와께서 그의 손을 내밀어 내 입에 대시며 여호와께서 내게 이르시되 보라 내가 내 말을 네 입에 두었노라"(렘 1:9).

이에 예레미야는 하나님 말씀에 힘을 얻고 하나님만 의지하고 담대히 나아가 복음을 전하기 시작했다. 하나님의 선한 일꾼이 되기 위해서는 하나님이 나와 함께하심을 확신할 수 있는 신앙적인 체험이 있어야 한다.

하나님 말씀은 놀라운 능력을 나타낸다(히 4:12). 그러므로 하나님께 쓰임받는 능력 있는 사명자가 되기 위해서는 예레미야와 같이 말씀으로 충만해야 한다.

둘째, 예레미야의 예언

예레미야는 백성들을 가르치기 위하여 여호와께로부터 받은 여러 가지 표적을 사용한 시각 교육을 행하였다. 한 번은 하나님께서 그에게 베 띠를 띠도록 명하셨으며(렘 13:1~2), 또 어떤 때는 소 같이 그의 목에 멍에를 걸머지게 함으로써(렘 27장) 하나님 말씀을 가르치도록 했다.

그 밖에도 여러 가지 행동(렘 2:13, 8:2, 18~19장, 51:59~64)을 통하여 유다가 회개하지 아니하므로 하나님의 심판을 받아 멸망될 것을 예언했다.

예레미야의 이러한 경고에도 불구하고 유다 나라는 회개하지 않고 계속 죄의 길을 걸었다. 결국 망하게 되어 70년의 긴 세월 동안 포로 생활을 한다(렘 25:9~11)

그러나 좋으신 하나님께서는 유다의 멸망 이후 회복의 약속을 주셨다(렘 30:18~22). 유다는 멸망했으나 장차 다윗의 계보에서 메시야가 나와 유다를 회복할 것이라는 소망의 예언(렘 23:5)을 하게 되었던 것이다.

하나님께서는 이스라엘 백성들이 하나님의 계명을 따라 돌아오게 하려고 사랑으로 징계하시는 하나님의 눈물과 위로의 말씀을 예레미야를 통해 주신 것이다.

셋째, 예레미야의 예언을 통한 교훈

예레미야의 예언은 그 당시 방황하던 하나님의 백성들에게만 필요했던 것이 아니라 오늘날 우리에게도 절실히 요구되는 말씀이다. 그의 예언의 특징은 다음과 같다.

1. 하나님께서는 그의 백성들이 죄의 길로 걸어갈 때 경고하신다는 것을 깨닫게 하고 있다.
2. 하나님께서는 죄에 대하여는 철저히 심판하신다는 사실을 그의 예언을 통해 깨닫게 하고 있다. 죄에 대하여 철저한 회개가 없을 때 하나님의 심판이 임한다.
3. 하나님께서는 은혜의 하나님이시므로 구원의 길을 예비하신다는 것을 깨닫게 하고 있다.

예레미야를 통하여 유다의 멸망 원인이 우상 숭배에 있었음을 깨닫고 우리의 신앙생활 속에 우상 숭배(골 3:5)의 죄를 범하지 않도록 해야 할 것이다. 우리는 죄를 범했을 때 하나님의 사랑과 구속의 약속을 굳게 믿고 철저히 회개할 줄 아는 성도가 되자.

소망의 선지자 에스겔

[겔 1:1~14]

에스겔은 히브리어로 '하나님의 능력', '하나님의 힘', '하나님이 강하게 하심' 이라는 뜻이다. 사독 자손 제사장 부시의 아들로 바벨론 포로 초기의 대예언자이다. 그는 B.C. 597년 유다 왕 여호와긴과 함께 바벨론에 포로로 잡혀가 그발 강변 텔아빕에 거하며 약 22년간 예언 활동을 하였다. 그는 예언을 통하여 장차 이스라엘이 영광 가운데 회복된다는 예언을 전함으로써 백성들에게 소망을 주었다. 그리하여 그를 '소망의 선지자' 라고 부른다.

첫째, 에스겔의 소명

에스겔은 본래 제사장으로 하나님을 섬겨 왔으나 바벨론 포로 기간에 하나님으로부터 선지자로 부름을 받았다(겔 1:1~3). 그는 갈대아 땅 그발 강가에서 하나님의 계시를 받았다. 그는 그룹 천사의 이상을 통하여 거룩한 하나님의 임재를 체험하였다. 에스겔이 이상을 본 후 하나님께서는 그를 선지자로 부르셨다. 그리고 에스겔에게 두루마리를 주시고 이를 받아 먹으라고 하셨다. 그 내용은 더 없이 씁쓸한 것이었지만 입 속에서의 맛은 꿀처럼 달았다(겔 2:8~3:3).

우리가 주의 일을 하기 위해서는 먼저 하나님의 말씀으로 충만해야 한다. 영의 양식인 하나님의 말씀을 매일 먹고 소화함으로써 영적 무장을 튼튼히 해야 한다. 하나님께서는 에스겔에게 이스라엘의 파수꾼이 되라고 말씀하셨다(겔 3:17). 에스겔은 성령충만한 파수꾼이 되었다. 파수꾼의 사명은 위험이 다가올 때 모든 사람에게 위험을 알리는 것이다. 복음의 파수꾼인 우리들도 항상 우리 주변에 어떤 죄악이 쳐들어오려는지 살피고 죄악으로 깊이 잠들어 있는 사람들을 깨워 그들에게 복음을 전해야겠다.

둘째, 에스겔의 순종

에스겔은 하나님께 부름받은 선지자로서 자신의 유익을 위한 모든 일을 포기하고 하나님의 뜻에 철저하게 순종했다. 하나님께서 그의 뜻을 백성들에게 나타내기 위하여 어려운 명령을 내리실 때에도 지체 없이 말씀 그대로 순종했다.

에스겔은 하나님의 뜻을 나타내기 위해 좌편으로 누워 390일, 우편으로 누워 40일을 지냈으며(겔 4:4~8), 머리털과 수염을 깎았고(겔 5:1~4), 손뼉을 치며 발을 구르며 말하기도 하였다(겔 6:11). 또한 이스라엘이 볼모로 잡혀가게 됨을 나타내 보이기 위해 그의 행구(포로의 기구)들을 챙겨 집안의 물건을 싣고 이사하는 일도 하였다(겔 12:2~7). 하나님은 자신의 뜻을 나타내시기 위해 때때로 우리 생각과 뜻에 맞지 않는 일을 명하실 때가 있다. 우리는 그러한 때 우리 상식으로 이해할 수 없는 일이라 할지라도 에스겔과 같이 하나님의 뜻에 순종하는 자가 되어야 한다.

셋째, 에스겔이 본 이상과 교훈

에스겔 선지자는 많은 이상(또는 환상)을 보았는데 중요한 이상의 내용을 살펴보고 그 이상이 주는 교훈을 깨달아 보고자 한다.

1. 그룹의 이상(겔 1:1~3:13) : 에스겔은 그룹의 이상에서 네 가지

모습을 가진 생물을 보았는데 이 생물들은 하나님의 뜻에 절대 복종을 했다. 이 생물들은 우리들에게 하나님께 대한 절대 순종을 교훈하고 있는 것이다. 이 이상의 목적은 에스겔에게 순종과 하나님 말씀 전파의 중요성을 가르쳐 주는 데 있다.

2. 영광과 불경건의 이상(겔 8~11장) : 이스라엘 백성들은 하나님의 성전에서 우상 숭배를 하는 등 많은 가증한 일을 했다. 우상 숭배는 하나님 앞에 가장 큰 죄이며 그 결과는 멸망이다. 이 이상을 통해서 하나님께서는 이스라엘이 포로로 잡혀가게 된 이유가 우상 숭배에 있음을 보여 주셨다. 우리의 삶의 궁극적인 목적은 무엇보다도 먼저 하나님을 사랑하고 하나님의 영광을 위해 사는 데 있다.

3. 불에 탄 포도나무의 이상(겔 15장) : 포도나무 가지는 유다를 상징하는데 열매 맺지 않는 가지가 불타는 것은 유다 백성이 멸망 받을 것을 보여 주는 것이다. 포도나무 가지는 열매가 있어야 가치가 있다. 하나님의 자녀인 우리 성도는 포도나무이신 예수 그리스도께 접붙임을 받은 가지이다(요 15:1~5).

4. 마른 뼈의 이상(겔 37장) : 마른 뼈는 '이스라엘 족속'을 가리킨다. 장차 하나님께서는 마른 뼈와 같이 흩어진 이스라엘 족속을 이방 여러 나라들로부터 불러 모아 회복시켜 주신다는 이상이다. 또한 죄 가운데 죽었던 영혼들이 하나님의 영으로 말미암아 다시 살아나게 됨을 보여 준다.

하나님께서는 우리를 복음의 파수꾼으로 부르셨다. 파수꾼은 에스겔 선지자와 같이 말씀으로 충만하여야 하며, 하나님의 뜻에 철저하게 순종하여야 한다. 그리하여 우리를 통하여 이루시고자 하는 하나님의 선한 뜻을 이루어 드리는 성도가 되자.

사자 굴에 던져졌던 다니엘

[단 1:1~16]

다니엘은 히브리어로 '하나님은 나의 심판자', '하나님은 심판하심'이라는 의미이다. 다니엘은 유다 왕 여호야김 3년에 느부갓네살 왕에게 포로가 되어 바벨론으로 끌려갔던 왕족과 귀족 출신 소년들(단 1:4) 중 하나였다. 그 때 다니엘은 어린 나이(약 20세)였으나 그의 연령에 비해 지혜로웠다. 그는 모든 일에 뛰어났으며 특히 학문에 탁월했다.

느부갓네살 왕은 용모가 단정하고 재주가 있는 포로 귀족 소년들에게 3년 동안 갈대아 사람의 방언과 학문을 가르쳐 왕의 앞에 서게 하라는 명령을 내렸다. 그리고 새 이름도 지어 민족 정체성을 말살시키려 하였다. 다니엘의 이름도 바꾸어 '벨드사살'이라 하였다(단 1:7). 그러나 다니엘은 이를 기뻐하지 않은 것으로 추정하는데 그 이유는 다니엘의 세 친구의 이름은 개명한 이름으로 불렀으나 다니엘만큼은 본 이름으로 부른 것을 보아 알 수 있다.

다니엘은 포로로 끌려간 나라에서 총리직에 오르는 대단한 인물이다. 또한 흠 없는 인격의 소유자로(단 9:23, 10:11, 19) 하나님으로부터 많은 계시를 받았고, 이를 해석하였다. 특히 신앙의 지조를 지킴으로써 사자 굴에 던져지기도 하였던 믿음의 사람이었다.

첫째, 다니엘은 성결한 신앙을 소유했다.

다니엘은 하나님의 말씀을 굳건히 믿고 깨끗한 몸과 마음을 지키기 위하여 전력을 다한 사람이었다. 즉 하나님 앞에서 거룩하게 살려는 뜻을 정하고 그 뜻을 이루기 위해 노력했다. 그 당시 왕이 주는 음식을 거절하기란 참으로 어려운 일이었으나 부정한 음식임을 알고 단호히 거절했다(단 1:8). 다니엘은 자기 자신의 부정한 이름도 용납하지 않고 결백한 생활을 했다(단 6:4). 다니엘은 자기 자신의 생명보다 하나님을 위해 거룩히 사는 것을 더 귀히 여겼다.

거룩한 신앙의 삶을 살기 위해 노력했을 때 하나님께서는 다니엘로 하여금 환관장에게 은혜와 긍휼을 얻게 하셨다(단 1:9). 하나님 앞에 거룩하고 참되게 살면 모든 문제는 해결받게 된다.

둘째, 다니엘은 기도하는 신앙을 소유했다.

다니엘은 위기를 당했을 때 친구들과 함께 기도했다(단 2:17~19). 느부갓네살 왕의 꿈을 해석하지 못한다 하여 바벨론의 모든 박사들이 죽임을 당하게 되었을 때 다니엘과 그 친구들도 같은 처지에 놓였다. 이 때 다니엘은 이 문제를 해결하기 위해 함께 기도할 것을 자기 신앙 동지들에게 부탁했다. 예수님께서도 마태복음 18장 20절에서 합심 기도의 중요성을 강조하였다. 뿐만 아니라 다니엘은 규칙적인 기도를 드렸다(단 6:10).

그렇다. 무슨 일이든지 규칙 있게 하지 않으면 성공하기 어렵다. 기도 생활은 더욱 그러하다. 기도를 방해하는 여러 가지 장애물이 많기 때문에 무엇보다도 기도를 규칙적으로 하는 습관은 우리에게 꼭 필요한 것이다.

다니엘은 하루 세 번씩 규칙적으로 기도하는 습관을 꼭 지켰다. 다니엘은 기도로 시작하여 기도로 마친 하나님의 종이었다. 우리는 다니엘을 통하여 합심 기도와 규칙적인 기도가 우리의 삶에 얼마나 중요한 것인지를 깨달아야 한다.

셋째, 다니엘은 담대한 신앙을 소유했다.

다니엘서 3장에 보면 느부갓네살 왕은 두라 평지에 금 신상을 세우고 그 제막식에 문무백관을 참석시켜 주악에 맞춰 금 신상을 참배하게 했다. 그러나 다니엘의 세 친구 사드락, 메삭, 아벳느고는 왕의 명령에 불복하고 절하지 않았다. 그리하여 극렬히 타는 풀무불 속에 던져졌으나 하나님의 능력으로 말미암아 머리털 하나도 타지 않도록 보호받았다. 그런데 3장의 이 사건에 보면 다니엘에 대하여 전혀 언급이 없다. 그의 세 친구들보다 신앙이 굳건한 다니엘이 금 신상 앞에 참배하였다고는 생각할 수 없다.

다니엘은 처음부터 이 제막식에 불참한 것으로 생각할 수 있다. 물론 왕의 명령에 불복한 이유로 생명의 위험도 각오해야 했지만 다니엘의 신앙으로는 도저히 우상 숭배하는 범죄의 자리에 참석할 수 없었던 것이다.

"복 있는 사람은 악인들의 꾀를 따르지 아니하며 죄인들의 길에 서지 아니하며 오만한 자들의 자리에 앉지 아니하고"(시 1:1). 우리에게도 다니엘과 같은 담대한 신앙이 필요하다. 죄악은 여러 가지 모습으로 성도를 미혹한다. 그러나 다니엘과 같은 담대한 믿음을 소유한 자는 결코 죄악의 자리나 부정한 자리에 참석하지 않게 된다.

하나님께서는 죄악으로 더러워진 시대 속에 살고 있는 성도들에게 다니엘과 같은 거룩한 신앙과 끈기 있는 기도의 자세와 담대한 믿음을 요구하신다.

사랑의 선지자 호세아

[호 5:15~6:3]

호세아는 히브리어로 '구원'이라는 의미이다. 호세아는 잇사갈의 21대 자손으로 아버지는 브에리이다. 12 소선지자 중의 한 사람으로서 웃시야 왕 때부터 히스기야 왕 때까지 예언 활동을 했으며, 창녀인 아내 고멜을 통해 인간적인 깊은 고뇌를 경험하였으나 이 또한 그를 향하신 하나님의 뜻으로 간주하고 재결합했다(호 3:1).

호세아와 아내 고멜의 관계는 하나님과 북왕국 이스라엘과의 관계와 유사하다. 이스라엘이 하나님을 버리고 바알과 다른 우상을 섬겼으나 하나님은 사랑으로 끝까지 참고 기다리며 돌아올 것을 말씀하고 있다. 호세아는 사랑의 선지자로 범죄한 이스라엘에게 하나님의 사랑을 전하고 회개할 것을 촉구하였다.

첫째, 호세아의 가정

여호와를 멀리 떠나 우상 숭배하던 이스라엘 백성들을 돌이키기 위해 하나님은 엘리야와 엘리사를 보내어 경고하셨으나 그들은 듣지 아니하였다. 그러므로 이제는 따뜻한 사랑의 선지자 호세아를 보내시어 그 가정사를 비유하여 이스라엘 백성들에게 대한 하나님의 뜻을 나타내셨다. 성경에 나타나는 호세아의 가정사는 매우 복잡하였다. 하나님께서 호세아를 선지자로 부르시면서 가정을 이루도록 명령하셨다. 그런데 하나님께서 지정하신 결혼의 대상은 정숙한 여자가 아닌 음란한 여자였다. 그러나 호세아는 하나님의 말씀에 순종하여 고멜을 아내로 맞이했다(호 1:2). 이것은 하나님께서 의인을 택하시지 않고 죄인을 택하시는 것과 같다(롬 5:8). 고멜은 호세아와 가정을 이루어 삼 남매를 낳았으나 호세아와 자기 자식들을 외면한 채 죄의 물결에 휩쓸려 다니다가 종의 신세가 된다. 호세아는 어떤 대가를 치르더라도 그의 아내를 돌이켜 행복한 가정생활을 하려 했으나 고멜은 남편의 피나는 노력에 응하지 않았다.

이 얼마나 인간의 완고성과 하나님의 사랑을 잘 드러내는 모습인가? 호세아가 고멜 때문에 희생을 당했듯이 예수님은 우리들 때문에 그가 가진 모든 것을 우리의 것으로 주시기 위하여 갈보리 산상의 십자가를 달게 받으셨다.

"그가 우리를 대신하여 자신을 주심은 모든 불법에서 우리를 속량하시고 우리를 깨끗하게 하사 선한 일을 열심히 하는 자기 백성이 되게 하려 하심이라"(딛 2:14). 그리스도의 죽으심으로 우리가 살게 되었고, 하나님의 자녀가 됨과 아울러 그리스도의 신부가 된 것이다. 우리들도 그리스도의 신부로서 신앙의 정조를 지키면서 예수님의 재림을 기다리자.

둘째, 우리가 여호와께로 돌아가자

호세아는 외쳤다. 호세아의 아내 고멜과 같이 우상에게 절하며 예물을 드리는 이스라엘 백성을 향하여 여호와께로 돌아가자고 했다(호 6:1). 여기서 '돌아가자' 라는 말은 회개를 의미한다. 회개에는 그에 합당한 행위가 뒤따라야 하는데 그렇지 않으면 진정한 회개라 할 수 없다. 하나님께서는 진정 모든 것이 변화되기를 바라신다.

하나님께서는 "지식이 없으므로 나의 백성이 망한다"(호 4:6)고

하셨는데, 여기서 지식은 하나님의 사랑을 아는 것을 말한다. 이 지식을 깨닫지 못하는 백성은 패망한다(호 4:14). 호세아는 이 지식을 알았다. 그래서 범죄한 이스라엘 백성들에게 사랑의 하나님께로 돌아가자고 권면했던 것이다. 우리 인간은 하나님께로 돌아가야만 살 수 있는 존재이다.

셋째, 하나님의 사랑

호세아가 하나님께로 돌아가자고 한 까닭은 '하나님은 사랑이시다' 는 것을 깨달았기 때문이다. 실로 하나님은 사랑이시다(요일 4:8). 하나님께서는 우리를 사랑하시되 조건 없이 사랑하신다. 그 절대적인 사랑의 표현이 바로 예수 그리스도의 십자가이다. 하나님께서는 죄악에 물들어 있던 이스라엘 백성들을 사랑의 줄로 이끄셨다(호 11:4). 이러한 하나님의 사랑은 지금도 성령을 통해 우리 마음에 부어지게 된다(롬 5:5~6). 하나님의 사랑이 우리에게 넘칠 때 하나님을, 부모와 형제를, 친구와 이웃을 더욱 사랑하게 된다.

사랑에 굶주린 자가 있는가? 하나님께로 나아갈 것이다. 사랑의 하나님이 그의 갈증을 해소시키리라. 심령이 찢겨진 자가 있는가? 하나님께로 나아갈 것이다. 위로의 하나님이 그 상처를 의의 손길로 어루만지시리라. 질병으로 고생하는 자가 있는가? 하나님께로 나아갈 것이다. 치료의 광선을 발하시는 하나님의 능력이 그에게 고침의 사건을 일으키시리라.

하나님을 떠난 지리도 그의 길을 돌이켜 하나님께로 나아오면 하나님은 고멜을 용납한 호세아처럼 용서해 주시고 사랑과 위로와 치료의 은혜를 베푸실 것이다.

정의의 선지자 아모스

[암 5:1~15]

아모스는 베들레헴 남쪽 약 10km 떨어진 드고아에서 살던 목자로서(암 7:14) 무명의 사람이었으나 하나님의 부르심을 받아 선지자로 활동하였다.

그의 활동 기간은 이스라엘 왕 여로보암 2세, 그리고 유다 왕 웃시야 시대이며 이사야보다 약간 앞서고 호세아와 거의 동시대인 B.C. 760년쯤 된다. 그리고 구약 12 소선지자 중 하나이며, 그의 이름은 히브리어로 '짐을 진 자', '짐꾼'이라는 의미를 가지고 있다. 그는 특별히 하나님의 '정의'의 말씀을 죄악으로 가득한 세상을 향하여 외친 선지자이다(암 5:24).

첫째, 이스라엘의 죄악상

아모스는 웃시야가 유다의 왕으로 있고 여로보암 2세가 이스라엘 왕으로 있을 당시에 활동했다. 그 때는 나라의 번성기였다(왕하 14:23~29). 백성들은 안일한 생활에 빠져 점점 하나님을 잊어버리고 죄를 짓는 생활을 하였다. 이스라엘의 경제는 부유했지만 우상 숭배와 죄악 또한 최고에 달하여 악취가 탕진하였다.

"여호와께서 이와 같이 말씀하시되 이스라엘의 서너 가지 죄로 말미암아 내가 그 벌을 돌이키지 아니하리니 이는 그들이 은을 받고 의인을 팔며 신 한 켤레를 받고 가난한 자를 팔며"(암 2:6). 정말 부도덕한 생활을 부끄러워할 줄을 모르는 타락한 시대였다(암 2:7). 이

제 이스라엘은 하나님이 택하신 나라로서의 면모를 잃어버리고 불의가 충만하여 하나님의 심판을 받을 수밖에 없는 처지에 놓이게 되었다.

둘째, 아모스의 경고

아모스 선지자는 백성들이 이러한 잘못된 길로 행하지 말 것을 경고했다. 아모스의 경고는 다음과 같다.

1. 우상 숭배의 장소가 파멸당할 것이다(암 5:5). 길갈이나 벧엘은 우상 숭배가 성행하던 곳이었다. 하나님은 우상을 미워하시며 형식적인 신앙을 싫어하신다. 하나님께서는 우리가 신령과 진정으로 예배할 것을 원하신다(요 4:23).

2. 이스라엘이 이웃 나라의 침략을 받게 될 것이다(암 5:6). 이 세상의 어느 나라도 하나님의 심판을 벗어날 도리가 없다. 하나님의 궁극적인 계획을 방해하는 나라나 인간은 결국 낮은 곳으로 떨어지게 된다.

3. 영적 기근이 내릴 것이다(암 8:11). 말세는 하나님께서 기근을 땅에 보내리니 양식이나 물이 없어 주리는 것이 아니라 여호와의 말씀을 듣지 못해 생기는 기갈이라 했다. 하나님 말씀은 우리에게 절대적으로 필요한 양식이다. 그렇기 때문에 예수님께서도 이렇게 말씀하셨다. "…사람이 떡으로만 살 것이 아니요 하나님의 입으로부터 나오는 모든 말씀으로 살 것이라…"(마 4:4).

셋째, 아모스의 권면

1. 이스라엘 백성이 여호와를 찾을 것을 권면했다(암 5:6). 살아

계신 하나님을 찾는 자들만이 하나님과 함께 살 수 있다. 그러므로 하나님의 백성은 더욱 하나님께 가까이 나아가야 하며 불신자는 생명의 근원이 되시는 하나님을 필히 찾아야 한다. 하나님을 찾는 우리의 자세는 성경 말씀대로 전심으로 찾는 것이 되어야 한다(렘 29:13).

2. 이스라엘 백성이 악을 미워하고 선을 행할 것을 권면했다(암 5:14~15). 하나님은 모든 불의를 벌하시는 분이기 때문에 하나님의 자녀인 우리는 불의를 버리고 선을 행해야 한다. "여호와는 악인을 멀리 하시고 의인의 기도를 들으시느니라"(잠 15:29).

오늘 이 시대에 하나님은 우리 각자에게 하나님을 잊어버리고 죄 짓는 생활을 하는 나라와 개인에게 다가오는 하나님의 심판을 경고할 사명을 주셨다(행 1:8).

이 세대는 마치 아모스 선지자가 살던 시대와 같이 살기는 편해지고 부유해졌으나 그것으로 인해 사람들의 마음은 극도로 부패해져 가고 있다. 이러한 현실을 우리 성도들은 분별하여 이 시대를 본받지 말고 오직 하나님의 말씀을 깨달아 그 말씀을 실천하며 살아야 할 것이다.

혹시 이 세대에 휩쓸려 하나님을 멀리 했던 자도 아모스의 권면의 말씀과 마찬가지로 하나님께로 돌아올 때 하나님은 자비와 사랑으로 용서하실 것이다.

니느웨 성을 회개시킨 요나

[욘 1:1~10]

요나는 히브리어로 '비둘기'라는 뜻이다. 스불론 땅 가드 헤벨 사람 아밋대의 아들로 12 소선지자 중 한 사람이다. 북왕국 13대 왕 여로보암 2세(B.C. 783~743) 시대에 활동하면서 잃어버린 이스라엘의 회복에 조력하였다.

요나는 선지자로서(왕하 14:25), 하나님께로부터 이방 지역인 니느웨로 보냄을 받았다. 요나는 40일이 지나면 성이 무너질 것이라는 대단히 무서운 예언을 해야 했다. 그러나 요나는 하나님의 뜻을 어기고 하나님의 낯을 피하여 도망갔다.

그러나 결국 하나님의 뜻을 깨닫고 회개하여 하나님의 말씀을 선포했으며 니느웨를 회개시켰다. 여기서 우리는 하나님이 이방인에 베푸시는 큰 자비와 긍휼을 볼 수 있다.

첫째, 불순종한 요나의 모습

요나서 1장에는 하나님의 뜻을 어기고 불순종한 요나의 모습이 나와 있다. 요나가 불순종하게 된 원인은 무엇일까? 그것은 하나님의 낯을 피할 수 있다고 생각한 잘못된 신앙 때문이었다(욘 1:3).

요나서 1장 3절에 보면 '여호와의 낯을 피하여'라는 말이 두 번이나 나오고 있다. '여호와의 낯'을 피할 수 있다고 생각한 요나의 신앙 자세는 매우 우매한 것이다.

여호와는 천지만물을 창조하신 창조주 하나님이시며 그것을 다스리고 계신다는 사실을 그가 분명히 믿고 확신하고 있었다면 하나님의 낯을 피하여 도망하는 불순종을 범하지 않았을 것이다. 시편 139편에서 다윗은 주의 신을 떠나 아무데도 갈 수 없으며 주의 앞에서 아무 곳으로도 피할 수 없다고 확신 있게 고백하였다.

창조주 하나님께 대한 확신 있는 믿음이 있는 사람은 결코 하나님의 명령에 불순종할 수 없는 것이다. 하나님 말씀에 불순종한 결과는 오직 고난 외에 다른 것이 없다(욘 1:13~15).

둘째, 기도하는 요나의 모습

요나서 2장에는 요나의 기도가 나온다. 요나는 물고기 뱃속에서 기도하였다. 고통과 환난 가운데서 하나님께 기도했을 때 하나님께서 그의 음성을 들으셨다(욘 2:2). 그의 기도는 어떤 기도였나?

1. 회개 기도였다(욘 2:3~4). 회개란 방향을 바꾸는 것을 말한다. 내 중심에서 하나님 중심으로 마음과 생각과 생활의 방향을 바꾸는 극적인 변화인 것이다. 우리가 하나님께 돌아오는 길은 오직 회개의 길밖에 없다.

2. 믿음의 기도였다(욘 2:5~6). 요나는 세상으로 볼 때 절망할 수밖에 없는 환경이었으나 주께서 그의 음성을 들으심을 믿고 기도하였다. 예수님께서도 믿음의 기도를 강조하셨다. "그러므로 내가 너희에게 말하노니 무엇이든지 기도하고 구하는 것은 받은 줄로 믿으라 그리하면 너희에게 그대로 되리라"(막 11:24).

3. 감사와 서원의 기도였다(욘 2:7~9). 어려운 환경 속에서도 요나는 감사했고 그의 서원한 것을 주께 갚겠다고 고백했다. 하나님이 기뻐하는 참된 제사는 기쁘게 감사하는 심령의 제사이다. 기도한 끝

에 요나는 자신의 힘으로는 아무것도 할 수 없다는 것을 깨닫고 "구원은 여호와께로 말미암나이다"라고 고백했다.

셋째, 말씀을 선포하는 요나의 모습

하나님께서는 요나에게 다시 봉사할 기회를 주셨다(욘 3:2). 요나는 하나님의 말씀을 순종하여 니느웨로 가서 말씀을 담대하게 선포하였다(욘 3:3~4).

요나가 하나님의 심판을 경고하자 니느웨 성 사람들이 무론대소하고 회개하였다(욘 3:5~9). 실로 그들은 인간의 명예와 체면을 다 버렸으며 심지어는 짐승까지도 굵은 베옷을 입게 했다. 그 결과 하나님께서 니느웨 성 백성들을 용서하시고 멸망시키려 한 뜻을 돌이키셨다(욘 3:10).

요나 한 사람이 하나님께 순종하고 하나님의 말씀대로 행하고 하나님의 말씀을 전함으로써 수많은 니느웨 백성이 구원을 받았다. 하나님은 우리 한 사람 한 사람에게 큰 소망과 뜻을 가지고 있다는 사실을 깨닫고 하나님께서 우리에게 주신 사명을 잘 감당하는 성도가 되자.

기쁨의 선지자 하박국

[합 3:17~19]

하박국은 유다의 선지자로 요시야 왕 시대에 활동한 예언자이다 (B.C. 650~627). 하박국이란 히브리어로 뜻은 '포옹하다', '박하'이다. 그는 선지자라고만 알려졌는데(합 1:1, 3:1), 레위인 성전 악사였던 듯하다(합 3:19).

하박국이 예언하던 시대적 상황은 반역의 물결 속에서 어린 나이 8세에 왕에 오른 요시야가 나라를 치리하던 때인데 그 때 나라의 형편은 말이 아니었다. 온 나라에 악이 가득하여 패역과 겁탈, 강포와 분쟁이 끊임없었다(합 1:3). 하나님의 법이 해이해지고 공의는 시행되지 못했으며 악인이 의인을 짓밟음으로 공의가 땅에 떨어진 것과 같은 형편이 되었다(합 1:4).

이런 시대에 정의감에 충만한 하박국은 하나님을 향하여 담대하게 질문한다. 거기에 대한 하나님의 대답은 분명했으며, 사도 바울은 "의인은 그의 믿음으로 말미암아 살리라."(합 2:4)는 말씀을 인용해 그의 중요한 교리(롬 1:17)의 기초로 삼았다. 뿐만 아니라 마틴 루터는 이 말씀에 근거하여 종교개혁이라는 엄청난 역사적 사건을 이룩했다.

첫째, 하박국의 질문

"여호와여 내가 부르짖어도 주께서 듣지 아니하니 어느 때까지리이까 내가 강포로 말미암아 외쳐도 주께서 구원하지 아니하시나이다 어찌하여 내게 죄악을 보게 하시며 패역을 눈으로 보게 하시나이까 겁탈과 강포가 내 앞에 있고 변론과 분쟁이 일어났나이다"(합 1:2~3). 남달리 의분의 감정이 강했던 하박국은 유다 왕국에 대한 하나님의 선처를 바랐으나 하나님이 응답하지 않자 하나님께 불평스런 투로 질문을 했던 것이다. 또한 하박국 선지자는 하나님께서 영원부터 영원까지 정의의 편에 서 계시는 분임에도 불구하고 불의한 자가 범죄하도록 묵과할 수 있느냐고 물으면서 하나님의 선함에 호소했다. 하박국 선지자는 그 당시 유대 나라의 부패에 대하여 걱정하면서 하나님의 구원의 손길을 간구했다.

우리도 오늘날 때때로 하박국과 같은 질문을 해볼 때가 있다. 우리보다 더 악하고 불의한 자가 활개를 치며 살아가는 것을 볼 때 의문을 가지게 된다. 하나님은 이러한 의문에 답을 주신다.

둘째, 하나님의 대답

1. 정한 때가 있다. "이 묵시는 정한 때가 있나니 그 종말이 속히 이르겠고 결코 거짓되지 아니하리라…"(합 2:3). 여기서 '정한 때가 있다' 함은 하나님의 계획이 이루어질 시간이 하나님의 뜻에 의하여 작정되었다는 말씀이다.

2. 기다리라. "…비록 더딜지라도 기다리라 지체되지 않고 반드시 응하리라"(합 2:3). 여기서 '기다리라'는 뜻은 하나님께 모든 것을 맡기고 순종하면서 인내하라는 말씀이다.

3. 의인은 믿음으로 살리라. "보라 그의 마음은 교만하며 그 속에서 정직하지 못하나 의인은 그의 믿음으로 말미암아 살리라"(합 2:4). 성도에게는 무엇보다 믿음이 우선인 것이다(롬 1:11).

4. 불의한 자에게 재앙을 내리겠다. 하박국 2장 6~20절에 다섯 번이나 '화 있을진저'라는 표현이 나온다. 이 말씀 속에서 하나님은 죄를 미워하시고 악한 자를 벌하시는 분임을 깨닫게 된다.

셋째, 하나님께 응답받은 하박국의 기도

불평하는 마음과 의문을 가지고 있던 하박국에게 분명하고도 뚜렷한 하나님의 응답을 받자 하박국은 찬양과 기쁨과 감사로 하나님께 기도드린다. 그의 기도 내용은 이렇다.

1. '주의 일을 수년 내에 부흥케 하옵소서'라고 했다(합 3:2). 좋으신 하나님께서 모든 것을 합력하여 선을 이루어 주실 것(롬 8:28)을 믿고 주께서 하시고자 하는 일을 속히 이루어 달라는 기도를 드렸다.

2. '진노 중에라도 긍휼을 잊지 말아 달라'고 기도했다(합 3:2).

3. 하나님의 위엄을 찬양했다(합 3:3~15). 하박국은 출애굽 이후에 하나님께서 이스라엘에게 향하신 위대한 능력을 기억하면서 장래에도 이스라엘을 구원해 주실 하나님을 믿고 찬양했다.

4. 하나님의 구원에 대한 확신과 기쁨을 노래했다(합 3:16~18). 하나님만을 삶의 터전으로 삼고 하나님을 의지하는 사람들에게는 기쁨과 소망이 끊이지 않는 것이다.

하나님은 변하지 않는 분이시다(말 3:6). 그렇기 때문에 하나님께서는 말씀하신 것을 모두 이루신다(마 5:18). 그러므로 비록 때로는 하박국 선지자와 같이 신앙생활 하는 가운데 의문스러운 점들이 있을지라도 하나님의 신실성을 믿고 기다리는 성도가 되자. 하나님은 반드시 이루어 주신다는 것을 분명히 믿자.

회개를 외친 세례 요한

[마 3:1~12]

세례 요한은 B.C. 5년경 제사장 사가랴와 예수의 모친과 사촌간인 엘리사벳의 아들로 태어났다. 그의 이름은 헬라어로 '여호와의 사랑하는 자', '여호와께서 허락하신 선물'이라는 의미를 가지고 있다. 요한은 광야에서 살았으며, 하나님 나라가 가까이 왔음과 메시야 도래를 선포하고, 선민 사상으로 타성에 젖어 있던 유대인들에게 회개의 표시로서 요단강에서 세례를 베풀었다. 그는 갈릴리 분봉왕 헤롯 안디바스의 죄를 책망함으로 헤롯의 분노를 사서 헤롯의 생일에 마케루스의 옥에서 처형당했다(막 6:14~29). 세례 요한은 구약 시대 최후이자 최대의 선지자이며(눅 16:16), 새 시대의 선구자로서 예수님께서도 여자가 낳은 자 중에 세례 요한보다 큰 자가 일어남이 없다(마 11:11)고 말씀하실 정도의 위대한 인물이다.

첫째, 세례 요한은 검소한 사람이었다.

"아이가 자라며 심령이 강하여지며 이스라엘에게 나타나는 날까지 빈 들에 있으니라"(눅 1:80). 세례 요한의 거처는 광야요, 옷은 약대 털옷이었으며, 음식은 메뚜기와 석청이었다. 그는 인간의 욕망을 절제하는 검소한 생활을 하면서 하나님께서 자기에게 부여한 사명을 수행할 준비를 갖추었다. 이러한 생활 연단과 훈련이 바탕이 되었기에 강하고 생명력 있는 메시지로 하나님을 떠난 자들에게 회개하라고 외칠 수 있었던 것이다.

둘째, 세례 요한은 겸손한 사람이었다.

예수는 세례 요한에게 위대한 명예를 주심으로 과거 어떤 자들과도 비교할 수 없는 자로 구별시켰다. "그러면 너희가 어찌하여 나갔더냐 선지자를 보기 위함이었더냐 옳다 내가 너희에게 이르노니 선지자보다 더 나은 자니라"(마 11:9). 예수는 그의 선지자적 사역에 대한 칭찬을 아끼지 않으셨다. 그러나 그는 자신의 위치를 분명히 설정함으로써 그의 뒤를 따르며 열광하는 무리 앞에서 자신을 영웅시 하는 어리석음을 범하지 않았다.

"나는 너희로 회개하게 하기 위하여 물로 세례를 베풀거니와 내 뒤에 오시는 이는 나보다 능력이 많으시니 나는 그의 신을 들기도 감당하지 못하겠노라 그는 성령과 불로 너희에게 세례를 베푸실 것이요"(마 3:11). "그는 흥하여야 하겠고 나는 쇠하여야 하리라"(요 3:30). 요한은 제사장들과 레위인들이 네가 누구냐고 물었을 때에도 서슴없이 외쳤다.

"이르되 나는 선지자 이사야의 말과 같이 주의 길을 곧게 하라고 광야에서 외치는 자의 소리로라 하니라"(요 1:23). 세례 요한의 주의 길잡이로서 자신을 낮추어 대답하는 모습을 발견할 수 있다.

셋째, 세례 요한은 정의의 사람이었다.

당시 유대인의 종교와 국가의 모든 정책이 방향 감각을 상실하고 있었다. 신앙심은 크게 약화되었고 종교의 생명력은 율법들의 전통의식과 규범에 의해서 타락하고 무기력해져 버렸다. 사회적 종교적 지도자층에 있었던 서기관들과 바리새인들이 권위 의식과 형식에 빠져 있었던 것이다.

이런 상황 속에서 세례 요한은 말라기서의 예언대로 엘리야의 심령과 능력을 가지고 온 선지자로서 불의를 꾸짖는 데 두려워하지 않는 담대한 신앙의 소유자였다(말 4:56, 마 3:7, 눅 3:19~20). 그는 분봉왕 헤롯 안디바스가 헤로디아와 결혼하는 근친상간과 간음으로 하나님께 죄를 지었을 때에도 권력에 굴복하지 않고 마케루스 감옥에 갇히기까지 왕의 잘못을 꾸짖었으며 마침내는 살로메의 춤값으로 목숨을 잃게 되었다.

넷째, 세례 요한은 사명을 완수한 사람이었다.

요한은 4세기 만에 이스라엘에 나타난 권위 있는 예언자였다. 그의 사명은 주의 길을 예비하는 것이었고(말 4:6, 눅 1:17), 이를 위해서 하나님 나라의 임박을 선포하고 세례를 주는 것이었다. 그는 예수께도 세례를 주면서 그가 하나님의 아들이심을 알게 하였고(마 3:14~17, 요 1:32~34), 사람들에게 예수를 '세상 죄를 지고 가는 하나님의 어린 양'(요 1:29)이라고 소개했다. 경건한 유대인들에게 '하나님의 어린 양'이라는 표현은 완전한 희생과 제물이라는 생각을 갖게 해 주었다. 요한은 유대인들에게 익숙한 용어를 사용하여 죄의 용서와 단번의 속죄를 암시해 주었던 것이다. 그는 오직 주의 길을 예비하고 주님 앞으로만 사람들을 인도하는 사명을 완수했다.

오늘날도 하나님은 이 시대의 세례 요한을 찾고 계신다. 세례 요한의 사명은 초림 예수의 길을 예비하는 것이었지만 우리의 사명은 재림 예수의 길을 예비하는 것이다. 세례 요한처럼 어떠한 죄와 불의와도 타협하지 말고, 하늘나라 시민답게 깨끗한 생활을 하며 하나님께 받은 사명을 완수하기 위하여 열심히 노력해야 할 것이다.

예수의 수제자 베드로

[마 16:13~20]

베드로는 헬라어로 '반석' 이라는 의미를 가지고 있다. 본명은 '시몬'이며, '게바'란 아람어로서 헬라어 베드로와 같은 뜻이다. 시몬은 요나(요한)의 아들이었으며, 그와 그의 형제 안드레는 갈릴리 바다의 어부였고(마 4:18), 그는 '고기 잡는 집' 이라는 뜻을 지닌 벳새다 지방 출신이다. 베드로는 제자들 가운데서 맨 선두의 위치에 있었고(막 3:16~19), 예수께서 부활 승천하신 후에는 예루살렘교회의 지도자로서 많은 활동을 했다(행 1~2장).

첫째, 자연인 시몬 베드로

시몬은 동생 안드레와 친구 야고보, 요한과 함께 게네사렛 호수에서 고기잡이를 하고 살았다. 그 날 따라 고기를 한 마리도 잡지 못하였는데 처음 만난 예수의 명령에 따라 그물을 내려 그물이 찢길 정도로 많은 고기를 잡았다(눅 5장). 예수께서 "사람을 낚는 어부가 되게 하리라"고 말씀하시므로 그는 예수의 제자로 12 사도 중 하나가 되었다. 사도는 주님으로 말미암아 보내심을 받고 선택되어진 사람을 말한다.

그러나 그는 예수의 제자이면서도 여전히 인간적 성품과 육정과 죄성을 지닌 인간의 아들 시몬이었다. 그는 체격이 크고 근육이 울퉁불퉁하며 거친 바다에서 잔뼈가 굵은 바다의 사나이였다. 신체가 건장한 반면에 성격은 매우 나약한 자로 4복음서에서는 한결같이 시몬을 충동적이며 성급하고 경솔하며 무모하고 지나치게 열정적이며 명랑하고 반응이 빠른 사람이라고 묘사하고 있다. 예수는 시몬의 이러한 불안정한 성격을 이해하고 그가 점차 변하여 새로운 인간이 되리라는 사실을 알고 '반석(베드로)'이라는 이름을 그에게 주었던 것이다. 그것은 그가 자연인의 불완전한 모습을 가지고 있으면서도 그리스도에 대한 올바른 신앙고백을 하였기 때문에 붙여 주었던 이름이다.

둘째, 시몬 베드로의 신앙고백

"사람들이 인자를 누구라 하느냐?"고 묻는 예수의 물음에 "시몬 베드로가 대답하여 이르되 주는 그리스도시요 살아 계신 하나님의 아들이시니이다"(마 16:16) 라고 했다. 이 고백 위에 교회가 세워졌으며 이 고백으로 말미암아 예수님에 대한 인식이 확정된 것으로 볼 수 있다. 이 고백은 베드로의 이성에서 나온 것이 아니라 하나님으로부터 온 하나님의 계시였다. 혈육으로는 아무것도 계시할 수가 없다. 즉 신앙이란 인간적 의지로 가질 수 있는 것이 아니라 하나님의 초자연적인 능력의 은사로만 가질 수 있다.

셋째, 시몬 베드로의 실패

예수께서 무교절의 첫 날 유월절 최후의 만찬을 나눈 뒤 모든 제자들이 자기를 버릴 것이라고 말했을 때 시몬은 혼자 힘차게 말했다. "베드로가 여짜오되 나 버릴지라도 나는 그리하지 않겠나이다"(막 14:29). 여러 제자들 중에서 시몬이 가장 독선적이고 적극적이었다. 그는 자신의 믿음이 강하다고 생각하였으나 그 믿음에 기도를 뒷받침하지 못했다. 오히려 게을렀고(막 14:37), 혈기를 부렸으며 비겁하였다.

시몬은 예수를 세 단계로 부인했다. 첫 단계에서는 그리스도를 간단히 부인했고, 둘째 단계에서는 맹세하고 부인했으며, 셋째 단계에서는 저주하면서 완강히 부인하였다(마 26:69~75). 예수의 말씀처럼 닭이 곧 울었으며, 그는 밖에 나가서 심하게 통곡하며 울었다고 마태복음 기자는 전하고 있다. 이것은 바로 베드로의 인간적, 감정적인 뒤따름의 실패를 자인하는 눈물이었다.

넷째, 성령으로 새로워진 시몬 베드로

베드로가 변화된 데에는 회개라는 중요한 과정이 있었음을 알아야 한다. 예수를 부인한 날 밤 그는 뜨거운 회개의 눈물을 흘렸던 것이다. 또 그에 못지않게 갈릴리 바닷가에 나타난 부활하신 예수는 결정적으로 베드로를 붙잡는 힘이 되었다. 예수님께서 "네가 나를 사랑하느냐?"라고 세 번 반복해서 물었을 때 베드로는 자신만만했던 자세에서 겸손한 고백의 자세로 바뀌었다(요 21:15~17). 예수는 그에게 양을 부탁하였다. 비로소 시몬은 반석 베드로가 된 것이다.

오순절 마가의 다락방에서 성령으로 충만한 베드로는 삼천 명을 회개시키는 설교를 했고, 박해 속에서도 요한과 함께 예수를 전파하다가 세 번이나 투옥되었다. 변덕스럽고 비겁한 갈릴리 사람 시몬은 초대교회의 용기 있는 지도자로 변모하였다. 그것은 부활한 그리스도에 대한 믿음과 예수에 대한 진실한 사랑으로서만 가능하였다. 오늘을 사는 우리들도 성령충만한 믿음으로 부활하신 예수 그리스도를 믿는 믿음과 진실한 사랑으로써 사명을 다하는 성도가 되자.

사랑의 사도 요한

[막 1:16~20]

요한이란 헬라어로 '여호와께서 사랑하시는 자'라는 의미를 갖고 있다. 요한은 갈릴리 출신으로 어부인 세베대의 아들이며(막 1:19), 사도 야고보의 형제이다. 모친은 살로메로 예수의 어머니 마리아의 형제이다. 요한은 모순된 두 가지 성격을 가졌다. 첫째는 복음서에도 거의 말을 하지 않았고 주님의 부활하신 날 아침에도 소심할 정도로 신중했다(요 20:1~10). 둘째는 정열적이며 과격한 성격을 가졌음을 보여 준다(눅 9:54, 9:49). 요한은 요한복음서와 요한1서, 그리고 요한계시록을 기록하였으며 초대교회의 지도자로서 맡은 직분을 잘 수행하였다(행 3:1, 갈 2:9).

첫째, 우레의 아들이라 불린 요한

예수님은 공생애를 시작하면서 제자들을 선택하였는데 처음에 시몬 베드로와 안드레를, 그 다음에 야고보와 요한을 택하셨다. 예수께서 야고보와 요한에게 '보아너게'라는 별명을 지어 주셨는데 이는 '우레의 아들'이라는 뜻으로 그들의 성격이 다혈질임을 말해 준다(막 3:17).

누가복음 9장에 보면 예수와 제자들이 사마리아 지방으로 들어가는 것을 세지받았을 때 이 두 형제가 몹시 격분하는 모습을 찾아볼 수 있다. 또한 매우 의욕적이고 열심히 대단한 자들이었다. 그들의 어머니인 살로메는 직접 예수께 야고보와 요한을 영광의 좌우 자리에 앉힐 것을 요청하였다(마 20:21). 그러나 이러한 그들의 지나친 열성과 자만은 예수의 은혜로 순수해졌고 그러한 결점들이 능력과 영광의 요소로 변화되었다. 예수께서는 은혜와 사랑으로 모범을 보이시며 그들의 성격을 부드럽게 하신 것이다.

둘째, 주님의 사랑받는 제자 요한

예수의 열두 사도 중에서 핵심 인물인 세 제자(베드로, 요한, 야고보) 중에서 요한은 '예수의 사랑하시는 제자'로 자주 불렸다(요 13:23, 20:2, 21:7). 최후의 만찬 때는 예수의 품에 안기기도 했고(요 13:25), 예수로부터 어머니를 모시라는 부탁을 받고, 예수가 운명하기 직전의 말씀을 들은 사람도 요한이었다. 요한은 사도들 가운데서 가장 나이가 어렸으며 한편으로는 편협한 외골수 성격에 야망이 있는 자였다. 그럼에도 어떻게 예수의 특별한 사랑을 받을 수 있었을까? 사랑이란 상대적이고 상호보완적이다. 이 말은 요한이 예수를 각별히 사랑하였다는 뜻으로 볼 수 있다는 것이다. 요한은 예수와 처음 만나 몇 마디 나눈 후 예수가 구세주임을 확신하였고 이 후로 예수는 그의 빛이 되었다(요 1장).

예수에 대한 사랑은 그의 모난 성격을 점차 온유하게 변화시켰으며, 종래는 '사랑의 사도'라는 이름으로 불릴 만큼 사랑을 외치는 사도가 되었던 것이다.

셋째, 끝까지 주님을 따른 요한

요한은 예수께서 십자가에 못 박히는 골고다 언덕까지 따라갔다(요 19:26~27). 그곳에서 예수는 요한에게 어머니 마리아를 부탁하고 있다. 당시 상황으로 볼 때 십자가 곁에까지 따라간다는 것은 매우 위험한 일이었다. 제자들 모두가 달아난 그 때에 유일하게 요한만이 죽음을 당하시는 주님의 최후의 모습을 울며 지켜보았던 것이다. 요한만이 '내가 목이 마르다', '다 이루었다'는 예수의 최후의 말씀을 기록하고 있다. 예수의 옆구리를 한 군병이 찌르자 피와 물이 나왔다는 것, 아리마대 요셉과 니고데모가 장사한 것까지 소상히 밝혔다(요 19:38~42). 요한은 용감했으며 최후까지 예수께 헌신하였다. 하나님의 어린 양의 마지막을 보았기 때문에 예수의 죽음과 부활에 대하여 확신 있게 증거하는 전도자가 되었다.

용기 있는 요한과 충동적인 베드로는 복음 전하는 일에도 훌륭한 동역자가 되었다. 기도하러 성전에 갔을 때 미문의 나면서 못 걷게 된 이를 주목하며 함께 일으켰고(행 3:1~11), 산헤드린에서 심문을 받을 때도 함께였다(행 4:20). 빌립의 전도로 사마리아인들이 복음을 받게 되었을 때에 요한과 베드로는 함께 사마리아로 파송되었다(행 8:14). 요한은 교회가 박해를 받고 있을 때에도 예루살렘에 머물러 있었으며 초대교회의 기둥의 역할을 하였다.

요한의 생애는 은혜로 거듭나는 그리스도인의 삶에 대하여 많은 교훈을 주고 있다. 생애 초기에 우레 같았던 요한의 조급한 성격은 차분하게 가라앉히는 그리스도의 사랑의 모습에 의하여 온유하며 깊은 사랑의 마음을 전하는 사도의 것으로 바뀌었다.

우리도 그리스도를 더욱 사랑하기 위해 기도해야 할 것이다. 그러면 그 사랑이 우리 마음속에서 밖으로 흘러나와 주변의 모든 자들에게도 전파될 것이다.

의심 많은 도마

[요 20:4~29]

도마는 헬라어로 '쌍둥이'라는 뜻이다. 그런데 요한복음에서는 그 이름에 '디두모'라는 설명이 붙어 있다(요 11:16, 20:24, 21:2). 갈릴리의 어부였던 그를 보통 '의심 많은 사람'이라고 부르지만 그의 질문은 진리를 알고자 하는 진지한 물음이었다. 성 아우구스티누스는 도마가 실증적인 증거를 요구함으로써 '우리가 의심하지 않도록 도마는 의심했다'라는 말을 남겼다.

첫째, 이성적인 믿음의 소유자 도마

예수께서 예루살렘에서 수전절 때에 유대인을(요 10:22) 피하여 거할 때(요 10:40), 예수께서 사랑하는 나사로가 중병이 들어 죽게 되었다는 소식에 위험한 베다니로 다시 가겠노라 선언하셨다. 제자들이 완강히 만류하다 못해 망설이고 있을 때 도마는 같이 죽으러 가자고 했다(요 11:16). 도마는 비록 죽는 한이 있더라도 주를 따라 베다니로 갈 각오를 보이고 있다. 그는 분명 예수께 충성과 헌신을 다짐한 자였다. 그러나 그의 다짐은 현실적인 데에 머무르고 있었다. 즉, 예수께서 나사로를 살릴 수 있는 능력을 가지고 있는 사실을 미처 깨닫지 못하였던 것이다.

도마의 믿음은 이성적인 믿음이요, 지적인 믿음이다. 극단적인 감정에 치우치는 것도 위험하지만 이성에만 치우쳐도 신앙은 생명 없는 냉랭한 믿음이 된다. 참된 신앙은 광적인 감정이나 과학적이고

합리적인 사고에 의한 지식만이 아니라 그것을 초월하는 영적 세계에 속한 것이라 할 수 있다.

둘째, 호기심 많은 도마

예수께서 유월절 예식을 마친 후 작별의 말씀을 하신다(요 14:1~6). "내가 어디로 가는지 그 길을 너희가 아느니라 도마가 이르되 주여 주께서 어디로 가시는지 우리가 알지 못하거늘 그 길을 어찌 알겠사옵나이까"(요 14:4~5). 예수의 사역이 죽음 저편에까지 미친다는 사실을 도마는 이해할 능력이 없었다. 예수께서 천국으로 돌아가면 어떻게 지상에 왕국을 세울 수 있을까에 대해서 도마는 큰 의문을 가지고 있었다. 어떻게 보면 그의 질문은 당연하고 정직한 물음일 수도 있다. 믿음이 확고히 서기 전에 떠오를 수 있는 의문이라고 할 수 있다.

"예수께서 이르시되 내가 곧 길이요 진리요 생명이니 나로 말미암지 않고는 아버지께로 올 자가 없느니라"(요 14:6). 하나님과 하늘에 이르기 위해서는 그리스도를 통하지 않으면 안 된다는 뜻이다. 예수는 표본이요, 스승이며, 영생을 주시는 분이다. 기독교 신앙이란 바로 이것을 믿는 것을 일컫는다.

셋째, 회의론자 도마

예수께서 다락방의 제자들에게 부활 후 처음으로 나타나셨던 날 밤에 도마는 그 자리에 없었다. 왜냐하면 예수께서 그곳에 나타나리라 생각지도 않았기 때문이었다. 도마는 그리스도가 죽음에서 다시 살아난 것을 이해할 수 없었으므로 믿지 않았다. 텅 빈 무덤에 대한 소문이 퍼지기 시작할 때 제자들은 다락방에 모여 문을 닫아걸고 그 날의 사건을 토의하고 있었는데 예수께서 갑자기 나타나셨다. 그 날 밤 주님은 모세의 율법과 구약에 나타난 십자가의 고난과 부활을 어떻게 예언했는지를 보여 줌으로써 말씀을 이해하는 믿음의 문을 제자들에게 활짝 열어 놓으셨다(요 20:19~23).

제자들은 예수께서 나타나셨다는 사실을 도마에게 설명해 주었으나 도마는 믿지 않았다. "…도마가 이르되 내가 그의 손의 못 자국을 보며 내 손가락을 그 못 자국에 넣으며 내 손을 그 옆구리에 넣어 보지 않고는 믿지 아니하겠노라 하니라"(요 20:25). 다음 주일 다락방의 모임에 예수께서 다시 나타나시어 도마에게 말씀하셨다.

"도마에게 이르시되 네 손가락을 이리 내밀어 내 손을 보고 네 손을 내밀어 내 옆구리에 넣어 보라 그리하여 믿음 없는 자가 되지 말고 믿는 자가 되라"(요 20:27). 예수께서는 확실한 증거를 찾는 사람을 꾸짖지 않았다. 확증을 요구하는 자에게 증거를 보이시고자 했다. 그러나 실증만을 요구하는 자들에게 더 깊은 신앙을 가지도록 당부하셨다. "예수께서 이르시되 너는 나를 본 고로 믿느냐 보지 못하고 믿는 자들은 복되도다 하시니라"(요 20:29).

의혹과 회의로 일관했던 도마는 부활한 주님을 직접 만나고야 "나의 주시며 나의 하나님이시다"라는 놀라운 신앙 고백을 할 수 있었다. 그 후에 도마는 마가 다락방에서 성령충만함과 능력을 받아 열심히 복음을 전하였다.

성령의 체험과 예수와의 만남은 지식적이고 이성적인 신앙을 뜨거운 사명감으로 바꾸어 준다는 사실을 우리는 도마에게서 배울 수 있다.

스승을 넘겨 준 가룟 유다

[요 6:70~71]

유다는 헬라어로 '찬송하다'라는 의미를 가진 말이다. 그의 아버지는 가룟 시몬이다(요 6:71, 13:2). 가룟 유다라는 말은 이스가룟 출신 유다라는 뜻으로, 이것은 예수의 12 제자 중에서 유다라는 또 한 사람과 구별하기 위해 그렇게 불렀다. 제자들 가운데서 갈릴리 출신이 아닌 유일한 사람으로 그는 꽤 학식도 있었으며 똑똑했기에 아마도 일행의 돈 궤를 맡은 것 같다. 재물에 대한 욕심으로 제사장들에게 은 30을 받고 스승을 넘겨주었는데 이는 당시 노예 한 사람의 시세이다. 이로써 그는 인류 역사상 최대의 오명을 남긴 인물이 되었다.

첫째, 사도로 부름받은 유다

예수께서 유다를 택했다는 사실은 그가 다른 사도들과 마찬가지로 잠재능력을 가지고 있었음을 설명해 준다. 유다는 사도들 가운데서 회계 보는 직책을 맡았었다(요 13:26~29). 유다를 사도들의 회계원으로 택한 것은 동료들이 그를 상당히 신임한 것으로 보인다(요 12:6). 또한 다른 사도처럼 유다도 예수를 따르기 위해 모든 것을 버리고 삼 년간 주님과 함께 떡을 떼고 그의 말씀에 귀를 기울였다.

또 그는 높은 이상을 가지고 있었으며 모든 사람에게 약속을 잘 지키는 사람으로서 사도로서는 적임자였다. 적어도 사도로 출발할 때의 그는 신중하고 정직하며 유능하고 실제적인 사람이었다고 할 수 있다. 그런데 왜 그는 배반자가 되었는가?

둘째, 배반하는 유다

1. 지상의 왕국에 대한 기대의 좌절 : 학자들에 의하면 유다는 이미 예수의 공생애 이전에 열심당이라는 애국운동자 그룹의 일원이었던 자로서, 예수께서 이스라엘을 로마의 치하에서 해방시킬 메시야일 것이라는 지상적이고 정치적인 생각으로 예수의 제자가 되었다고 한다. 유다는 지상의 왕국을 갈망했으며 그 새로운 왕국에서 영광과 권력을 누릴 것을 기대하고 있었다. 그러나 "내일을 염려하지 말라"는 충고, "이 땅에 재물을 쌓아두지 말라"는 말씀, "가이사의 것은 가이사에게 돌리라"는 말씀, "원수까지도 사랑하라"는 예수의 메시지는 유다의 야망과는 전혀 다른 것이었다. 예수께서 자신의 죽음이 임박했음을 예견했을 때, 예수의 왕국은 정치적인 것이 아니라 영적인 왕국임이 분명해졌다. 자신의 생각과 다른 예수는 그에게 더 이상 가치 없는 자였다. 그러기에 은화 30에 스승을 기득권층에 넘길 수 있었던 것이다. 우리가 예수를 바라보는 시선의 초점은 어떠한가? 세상의 권력자로, 혹은 나의 욕망을 채울 수단으로 보고 있지는 않은가?

2. 세상 재물에 대한 탐심 : 유다를 타락시킨 또 하나의 원인은 탐욕이었다. 베다니에서 마리아가 예수의 머리에 비싼 향유를 부을 때 유다는 가난한 자에게 구제하지 않고 낭비한다고 비난했다(요 12:1). 그러나 요한은 돈 궤를 맡고 있던 유다가 훔쳐 가기 위해 그런 말을 했다고 기록했다. 즉 유다는 예수에 대한 기대가 실망으로 바뀌자 자신의 이익을 위한 탐욕적인 행위를 점점 더 노골화하였던 것이다. 재물의 유혹에 굴복한 유다는 대제사장들과 군관들에게 가서 예수를 넘겨 줄 방법을 의논하며(눅 22:4~6) 그 기회를 찾았다.

"한 사람이 두 주인을 섬기지 못할 것이니 혹 이를 미워하고 저를 사랑하거나 혹 이를 중히 여기고 저를 경히 여김이라 너희가 하나님과 재물을 겸하여 섬기지 못하느니라"(마 6:24). 우리가 예수의 제자가 되어 그의 뒤를 따른다는 것은 세상의 환락과 잠시 있다가 사라질 것에 대한 탐욕을 끊어 버린다는 뜻이다. 그런데 유다는 세상과 예수님 사이에서 세상을 선택하였던 것이다.

셋째, 배반과 비극적인 종말의 유다

예수께서 체포되던 날 밤에는 숨어 있다가 이튿날 마음의 가책을 느껴 회당으로 돌아와 "무죄한 피를 팔아 죄를 범했다"고 호소했다. 그러나 대제사장들에게 "그게 우리와 무슨 상관이 있냐?"는 조롱만 들었다. 결국 유다는 은 30을 내던지고는 목매 자살해 버렸다(마 27:3~10). 누가는 더욱더 자세히 배가 터지고 창자가 다 흘러나왔다고 기록했다(행 1:16~20). 죄를 뉘우치려면 베드로처럼 통곡하고 울면서 하나님께 회개해야 마땅할 일이다. 그러나 그는 자신의 목숨을 스스로 끊는 어리석음을 범하고 말았다.

예수를 옆에서 섬기던 제자 유다가 예수를 팔아넘긴 장본인이라는 사실은 우리에게 여러 가지를 시사해 준다. 유다를 신랄하게 비난하기보다 스스로 우리 자신에게 그와 같은 점이 없는지를 물어 보아야 한다. 유다의 죽음 이후 맛디아가 유다의 자리를 이어받았지만 어떤 의미에서 보면 모든 성도는 열두 번째 사도라고 할 수 있으며, 주님이 말씀하신 내로 땅 끝까지 복음을 전하는 임무를 완수해야 할 것이다.

신앙으로 인내한 수로보니게 여인

[막 7:25~30]

수로보니게란 헬라어로 '붉다'라는 뜻을 가지고 있다. 이 곳은 북부 수리아(시리아) 연안 지대의 베니게(두로, 시돈 포함)를 가리키는데(막 7:26), 마태복음 기자는 이 여인이 가나안의 이방 여인임을 암시해 주고 있다(마 15:22).

첫째, 수로보니게 여인의 믿음

"가나안 여자 하나가 그 지경에서 나와서 소리 질러 이르되 주 다윗의 자손이여 나를 불쌍히 여기소서 내 딸이 흉악하게 귀신 들렸나이다 하되"(마 15:22). 이 여인은 이방 여인임에도 불구하고 예수께서 하나님의 아들이시므로 자신을 불쌍히 여기어 문제를 해결해 주리라는 믿음을 가지고 있었다. 또한 그 문제가 다름 아닌 악한 귀신의 짓인 것을 알고 있었다.

실제로 이 여인은 예수께서 병을 고치며 죄를 사하여 주신다는 소문을 듣고 달려온 것이다(막 7:25). 이 여인은 예수께 나아가면 죄를 용서받고 육신의 병도 고칠 수 있다는 확신을 가지고 있었던 것이다. 그러기에 '소리 질러' 애절히 간구한 것이다.

둘째, 도전받은 믿음

그러나 예수님의 반응은 의외로 냉담했다(마 15:23). 말하자면 기도에 대한 응답이 없었던 것이다. 게다가 제자들은 뒤에서 소리 지르는 그 여인을 보내라고 하며 여인이 예수께 오는 것을 막고 있었다.

성도들이 기도할 때 아무리 부르짖어도 하나님께서 침묵하고 계실 때가 있다. 또한 기도를 훼방하려고 하는 요소가 있다. 이것은 우리를 시험하기 위한 과정이다. 기도의 응답은 시험을 통과한 후에 나타난다. 그러나 믿음의 기도는 인내와 끈기가 있어야 한다.

"내 형제들아 너희가 여러 가지 시험을 당하거든 온전히 기쁘게 여기라 이는 너희 믿음의 시련이 인내를 만들어 내는 줄 너희가 앎이라 인내를 온전히 이루라 이는 너희로 온전하고 구비하여 조금도 부족함이 없게 하려 함이라"(약 1:2~4).

셋째, 자아가 깨진 믿음

예수께서는 이 여인에게 더욱 심한 말씀을 계속하고 있다.

"예수께서 이르시되 자녀로 먼저 배불리 먹게 할지니 자녀의 떡을 취하여 개들에게 던짐이 마땅치 아니하니라"(막 7:27). 여기서 자녀란 유대인들을 뜻하고, 개란 이방 족속을 뜻한다.

이 말씀에서 우리는 예수의 사역이 우선적으로는 이스라엘인들을 위함이었다는 것을 알 수 있다. 또 이방 여인의 믿음을 시험하고자 하신 말씀이기도 하다.

헬라인에게 '개' 라는 말은 부끄러움이 없고 철면피라는 뜻이다. 유대인에게도 그 말은 똑같이 경멸하는 단어였다(마 7:6, 빌 3:2, 계 22:15). 경멸과 모욕을 들은 이 여인의 대답이 어떠했는가?

"여자가 이르되 주여 옳소이다마는 개들도 제 주인의 상에서 떨어지는 부스러기를 먹나이다 하니"(마 15:27).

참으로 놀랄 만큼 이해가 깊고 재치 있는 대답이었다. 자신을 개로 인정하고 자존심을 버리는 데 망설임이 없었다. 그리고 '먼저'는 자녀를 위한 것이지만 '부스러기'는 개들도 먹을 수 있지 않냐고 말하여 예수의 사역이 유대인뿐 아니라 이방인에게도 미칠 것이라는 사실을 은연중 비춰 주었다.

　그러므로 예수께서는 믿음이 크다고 칭찬하며 소원대로 이루라고 응답하셨다. 그의 딸은 곧바로 건강을 회복했다.

　수로보니게 여인은 하나님의 뜻이 생명을 구원함에 있다는 것을 알고 간구의 응답이 없음에도 인내로 기다렸으며, 여러 가지 제지와 방해에도 굴하지 않는 끈기를 가졌고 경멸과 모욕도 감내하였다. 이것이 큰 믿음이다.

　큰 믿음만이 인간의 힘으로 해결할 수 없는 문제를 해결해 주는 열쇠가 된다. 우리도 수로보니게 여인의 신앙 자세를 가지고 부르짖는 성도가 되어야겠다.

가버나움의 백부장

[마 8:5~13]

가버나움은 헬라어로 '나훔의 마을'이라는 뜻이며, 갈릴리 해변 북서쪽에 있는 마을이다. 이 곳은 예수님의 전도 사업 중에서 '집이 계신'(막 2:1) 유일한 장소이며, 세관이 있었으며(막 2:14), 로마 군대의 주둔지였다(마 8:5~6, 눅 7:1~10). 그러나 끝까지 회개하지 않으므로 주님으로부터 책망 받은 곳이다(마 11:23, 눅 10:15). 백부장이란 100명의 부하를 거느린 로마 군대의 장교를 이르는 말로 예수님의 체포 때에는 천부장이 왔다고 기록되어 있다(요 18:12).

첫째, 백부장의 인간됨

가버나움의 그는 주님께 간구만 하면(마 8:5~6) 어떤 문제라도 해결받을 수 있다는 믿음을 가진 사랑이 풍부한 사람이었다. 로마 사람으로서 유대 민족을 사랑하기란 매우 어려운 일이다. 그런데 유대인 장로들까지도 이 백부장을 예수께 소개했다.

"그가 우리 민족을 사랑하고 또한 우리를 위하여 회당을 지었나이다 하니"(눅 7:5). 그는 앓고 있는 종까지도 사랑했던 사람이다(눅 7:2). 그의 사랑과 인격은 민족과 지위를 초월한 아름다운 것이었다. 예수께서는 백부장의 믿음과 사랑을 보시고 가서 고쳐 주겠다고 하셨다(마 8:7). 그러나 백부장은 예수께서 자기 집에 들어오심을 감당하지 못하겠다고 했다(마 8:8). 이것은 그의 겸손을 나타내는 말이다. 군대 장교는 교만하기 쉬운 지위인데 그는 환경과 처지와 지위의 유혹을 극복하고 겸손할 수 있었다. 겸손이 없이는 어떠한 은혜도 받을 수 없다. 겸손은 은혜를 받게 하는 그릇이요, 은혜를 보호하는 성이다. "사람의 마음의 교만은 멸망의 선봉이요 겸손은 존귀의 길잡이니라"(잠 18:12). 사탄은 하나님의 자녀가 된 우리들의 마음속에 교만을 심어 준다. 우리는 그러므로 날마다 내 안에 교만한 생각과 말과 행동이 있지는 않은지 잘 살펴보아야 할 것이다.

둘째, 말씀의 능력을 믿는 신앙

"백부장이 대답하여 이르되 주여 내 집에 들어오심을 나는 감당하지 못하겠사오니 다만 말씀으로만 하옵소서 그러면 내 하인이 낫겠사옵나이다"(마 8:8). 이는 그가 예수님을 하나님으로 고백한 것이다. 하나님만이 말씀 한 마디로 천지를 있게도 하고 없게도 하는 전능하신 분이다. 백부장은 하인의 병도 주의 말씀 한 마디에 의해서 고침을 받을 수 있다는 확신이 있었기에 말씀을 구했다. 주의 말씀이라면 시간과 공간의 환경적 문제를 초월하고 주님의 능력이 나타날 것을 믿었던 것이다.

여기에 문제 해결의 열쇠가 있다. 성경 말씀(로고스)은 모든 인류에게 전하는 '일반적인' 하나님의 뜻이다. 그러나 성경을 통해 우리 마음에 '특별히' 주시는 하나님의 말씀이 있다. 이 말씀을 받으면 믿음이 생기고 믿음이 생기면 문제가 해결된다. 믿음이 생기도록 하는 말씀이 곧 '레마' 이다.

"그러므로 믿음은 들음에서 나며 들음은 그리스도의 말씀으로 말미암았느니라"(롬 10:17). 전능하신 하나님에 대한 믿음과 하나님이 주시는 말씀이 있으면 우리는 순식간에 다가오는 시련이나 속수

무책의 재난과 같은 올무에서 건져냄을 받게 된다. 하나님께서 주시는 응답을 받으려면 먼저 죄를 회개하고 그 후에는 하나님의 말씀이 임하도록 간절히 기도해야 한다. 인내를 가지고 기다리면서 어떠한 경우에서도 낙망하지 말며, 일단 하나님의 말씀이 뜨겁게 임하면 환경에 상관없이 믿음으로 밀고 나가야 한다. 그럴 때 하나님의 기적이 뒤따르게 되는 것이다.

셋째, 네 믿은 대로 될지어다

백부장은 자신의 실제적인 입장을 이야기했다.

"나도 남의 수하에 있는 사람이요 내 아래에도 군사가 있으니 이더러 가라 하면 가고 저더러 오라 하면 오고 내 종더러 이것을 하라 하면 하나이다"(마 8:9). 이는 백부장이 자기의 경험으로 그 신앙을 확고하게 가지고 있었음을 알 수 있는 말이다. 군대에서 아랫사람들이 윗사람들의 말을 한 마디도 어기지 않고 순종함과 같이 영적인 세계에 있어서도 그와 같은 권위의 질서가 있음을 그는 확실히 믿었다. 이러한 백부장의 신앙은 예수님을 놀라게 했다.

"…내가 진실로 너희에게 이르노니 이스라엘 중 아무에게서도 이만한 믿음을 보지 못하였노라"(마 8:10). "…가라 네 믿은 대로 될지어다…"(마 8:13) 그 말씀이 떨어지자마자 그 백부장의 하인은 나음을 받았다.

주님은 우리도 백부장과 같이 남을 위한 사랑을 동반한 믿음, 하나님의 말씀의 권능에 대한 절대적인 믿음, 겸손할 줄 아는 믿음을 갖기를 원하신다. 만일 우리가 이와 같은 신앙인이 된다면 백부장이 받았던 칭찬이 곧 우리에게 주어지는 칭찬이 될 것이다.

거듭난 세리장 삭개오

[눅 19:1~10]

삭개오란 헬라어로 '순결', '의인'을 뜻한다. 그는 작은 키로 유명했던 여리고의 부유한 세리장으로서 로마 정부나 속국의 지방 정부로부터 여리고 지역의 세금 징수권을 사들였으며, 수하에 많은 세리들을 고용하여 막대한 세금을 무자비하게 징수하였다.

출애굽 당시 여호수아에 의한 여리고 함락은 B.C. 1,300년경이며 (수 2~6장), 엘리야 시대에는 선지자 학교도 있었다(왕하 2:4~8). 전해지는 말에 의하면 안토니우스가 이 성읍을 클레오파트라에게 주었고, 다시 헤롯에게 양도되었다 한다. 종려나무 숲과 발삼으로 유명하였고, 욥바와 예루살렘 및 요단 동부 지역 사이의 중요한 교통 요지였으므로 아마도 삭개오는 이 곳에서 많은 재산을 모을 수 있었을 것이다.

첫째, 나무 위로 올라간 삭개오

삭개오는 당시 사회 제도로 보아 지위가 높은 편에 속하였고 물질적으로 부족함이 없었던 자였다. 그러나 같은 민족에게서 부정축재로 얻은 명예와 권세는 그를 사람들로부터 소외시키는 역할만 했다. 삭개오는 고독한 삶에 대해 권태를 느끼고, 마음의 평안과 안식을 가장 필요로 하는 불쌍한 처지에 처한 사람일 뿐이었다.

예수께서 제자들과 따르는 무리와 함께 예루살렘으로 가는 도중 여리고를 지나게 되었을 때 삭개오는 소문으로만 들었던 예수를 보고자 했다. 그러나 그는 키가 작은 사람으로 많은 군중 때문에 예수님을 볼 수가 없었다. 할 수 없이 돌무화과나무 위에 올라가서 예수를 보고자 하였던 것이다. 나이와 체면의 창피를 무릅쓰고 돌무화과나무에 올라갔다는 것은 예수를 보고자 하는 그의 마음이 얼마나 간절하고 절실하였던가를 시사해 준다.

그 밑을 지나가시던 예수께서는 발걸음을 멈추시고 돌무화과나무 위의 삭개오를 올려다보시며 오늘 내가 네 집에서 지낼 테니 속히 내려오라고 말씀하셨다. 삭개오의 간절함이 예수님의 발걸음을 멈추게 하였고, 예수님은 삭개오의 그 사모하는 마음을 꿰뚫어 보셨던 것이다. 삭개오는 이 말에 예수의 신적 권능을 느낄 수 있었다. 예수가 베푸시는 외로운 자를 향한 사랑 또한 느낄 수 있었다.

"나를 사랑하는 자들이 나의 사랑을 입으며 나를 간절히 찾는 자가 나를 만날 것이니라"(잠 8:17). "인자가 온 것은 잃어버린 자를 찾아 구원하려 함이니라"(눅 19:10). 사랑은 복음의 메시지인 동시에 날카로운 복음의 운동력이기도 하다. 삭개오는 뜻밖에 주님의 다정한 음성을 듣고 급히 내려와 즐거워하며 자기 집으로 영접했다.

둘째, 철저히 회개하여 구원을 받은 삭개오

삭개오는 예수님을 집으로 영접한 후 자신의 믿음과 회개의 명백한 증거를 나타내 보여 주었다. 그리스도를 통하여 완전히 변화된 영적 체험으로 그의 생활도 철저하게 달라진 것이다.

"삭개오가 서서 주께 여짜오되 주여 보시옵소서 내 소유의 절반을 가난한 자들에게 주겠사오며 만일 누구의 것을 속여 빼앗은 일이 있으면 네 갑절이나 갚겠나이다"(눅 19:8). 이 같은 삭개오의 말은 자기의 과거의 죄를 여러 사람 앞에서 스스럼없이 고백하는 것이요, 이전 생활과는 전혀 다른 생활을 하려는 자의 다짐하는 모습을 보여 주는 것이다. 유대인의 율법에 의하면 도적질한 자는 반드시 두 배로 보상해야 한다(출 22:4)고 되어 있다. 그러나 삭개오는 율법의 두 배를 더 갚겠노라고 말한 것이다. 철저하고 진정한 회개만이 위대한 변화를 일으킨다.

예수 그리스도의 관심은 바로 이와 같이 모든 사람이 자기 죄를 숨김없이 고백하고 돌이키는 데에 있다. 왜냐하면 그것이 곧 구원에 이르는 첫 조건이 되기 때문이다. 그러므로 예수께서는 모든 이들이 비웃는다(눅 19:7) 할지라도 천대받는 사람들과 죄인들을 친구로 맞아 주시며 "오늘 구원이 이 집에 이르렀다"고 말씀하셨던 것이다. 이로써 삭개오는 상실했던 하나님과의 관계를 회복하게 되었다. 아무리 흉악한 죄인도 예수님을 만나 그에게 죄악을 다 고백하고 과거의 죄로부터 돌이키면 아브라함의 자손이 된다는 것을 삭개오를 통해 보여 주고 있다.

예수님에 의해 구원받은 삭개오는 참 아브라함의 후손이자 약속의 자손이 되었고, 아브라함의 복이 그리스도의 용서 안에서 삭개오에게 충만히 성취된 것이다. 이러한 축복의 약속은 그 행한 고백으로 인하여 이방인 같이 여김을 받는 자들에게까지도 해당되는 약속이었다(행 13:47).

오늘도 예수 그리스도께서는 죄인들의 친구로서 잃어버린 사람을 찾고 계신다. 우리를 찾아오신 그분을 우리는 매일매일 겸손히 영접해야겠다. 예수 그리스도를 영접하는 자, 곧 그 이름을 믿는 자들에게는 하나님의 자녀가 되는 권세를 주시기 때문이다(요 1:12).

베다니의 삼 남매

[요 12:1~11]

베다니는 헬라어로 '종려나무의 집', '가난한 자의 집'이라는 의미인데 탈무드에 의하면 '푸른 과일의 집'이라고 하기도 했다. 구약성서나 외전에도 인용은 없으나 복음서에서 예수님과 관련하여 인용됨으로 널리 알려진 곳으로, 예루살렘의 동쪽 2.7㎞쯤 되는 감람산의 동남 기슭에 위치한 작은 마을이다.

여기서 마르다, 마리아, 오빠인 나사로가 살았고(요 11:1, 12:1), 예수님께서 그들을 사랑하사 십자가 처형 전에 종종 오셨으며(마 21:17, 막 11:1, 눅 19:29), 승천하신 곳도 여기서 가까웠다(눅 24:50). 이들과 주님과의 아름다움을 기리기 위해 베다니에는 '나사로의 교회'가 세워져 있다.

첫째, 예수님을 영접한 삼 남매

베다니 삼 남매는 부모를 잃고 어렵게 살아가고 있었다. 어느 날 이 어두운 가정에 환한 빛 한 줄기가 비쳤다. 예수님의 생명력 있는 말씀이 이들에게 뜨겁게 임했던 것이다. 냉소적이며 투쟁적이던 그들의 마음을 녹이고, '하나님께서 우리를 사랑하신다'는 확신을 주었던 것이다.

예수께서 베다니를 지나가실 때였다. 마르다는 주님을 자기 집으로 영접하여(눅 10:38) 기뻐하면서 예수님의 일행을 대접할 음식 장만에 바빴다. 그러나 그의 동생 마리아는 일을 돕지 않고 예수님 아래 앉아서 말씀에 귀를 기울이고 있었다. 마르다는 동생의 행동이 못마땅하여 예수님께 불평하였다(눅 10:40). 이 구절에는 행동적인 마르다와 사색적인 마리아의 각기 독특한 개성이 충돌하고 있다. 여기서는 어느 성격이 더 좋다는 식의 논의는 할 수 없다. 단지 예수님께서 하신 말씀을 정리해 보면 이렇다.

마르다는 예수님을 위해 열심히 일했다. 그러나 '너무 많은 것'을 준비하려 했던 정성이 오히려 마르다 자신의 마음을 번거롭게 하였으며, 정작 중요한 말씀 듣는 일을 소홀히 하게 했다는 것이다.

마르다는 주님의 마음을 헤아리지 못하고 자기가 좋아하는 방법으로 봉사하려고 했던 것이다. 자신의 공로와 업적에만 관심이 있는 봉사나 헌신은 인정받지 못할 때에 화를 내게 되고 불만을 갖게 된다.

그러나 예수님께서는 마르다의 봉사 자체를 책망하신 것이 아니다. 다만 '한 가지라도 족한' 것을 원하셨던 것이다(눅 10:42).

교회는 마르다와 같이 행동으로 봉사하는 것과 마리아처럼 말씀 듣기를 사모하는 것 두 가지를 다 필요로 한다. 예수께서도 이 두 사람을 똑같이 이해하고 사랑하며 포용하셨던 것이다.

둘째, 시련 받는 삼 남매

예수께서 이 가정에 사랑을 심어 주고 떠나신 후에 그들의 오라비 나사로가 병이 들어 두 동생의 간호에도 불구하고 상태가 악화되었으므로 그들은 예수님이 어서 오시기를 기다렸다. 그러나 예수님은 오시지 않고 나사로는 숨을 거두고 말았다(요 11:14). 그들은 예수의 사랑에 대해 회의가 생겼고 거의 절망에 빠지게 되었다. 사흘

후 예수께서 도착했을 때 마리아는 말한다.

"…주께서 여기 계셨더라면 내 오라버니가 죽지 아니하였겠나이다"(요 11:32) 눈물을 흘리는 마리아를 보고 예수께서는 심령에 민망히 여기시며 인생의 가련함에 눈물을 흘리셨다(요 11:35).

이윽고 무덤으로 가시어 "나사로야 나오라"(요 11:43)고 부르시어 죽었던 나사로를 다시 살리신 이적을 만인에게 보이셨다.

이 모든 일이 예수님을 하나님께서 보내셨다는 진리를 믿게 하시려고 한 하나님의 섭리였던 것이다.

조그만 시련에도 주를 원망하며 절망에 빠지는 우리를 예수님은 그래도 사랑하시며 모든 일이 합력하여 선을 이루도록 하신다. 시련은 우리로 하여금 불신앙을 버리고 오직 하나님만 의지하도록 하는 훈련이며, 그것은 신앙생활에 있어서 반드시 다가오는 한 과정인 것이다(벧전 4:12~13).

셋째, 예수의 사랑에 응답한 삼 남매

예수께서 나사로를 살렸다는 소문은 대제사장들과 바리새인들에게 예수를 죽이고자 하는 마음을 더욱 재촉하였다. 그들은 예수를 죽이기로 결정하였고 동시에 그가 어디 있는지 찾기 시작했다(요 11:47~57).

이러한 때 예수께서는 다시 한 번 베다니를 방문하셨다. 예루살렘에서의 죽음은 피할 수 없는 예견으로 다가왔고 인류를 대속하기 위한 무거운 짐은 그의 어깨를 짓눌렀을 것이다.

이렇게 내적인 갈등과 고뇌를 가지고 오신 예수께 마리아는 지금까지 그로부터 받은 뜨거운 사랑에 보답해 드리는 행동을 하였다.

지극 비싼 향유, 곧 순전한 나드 한 근을 가져다가 예수의 발에 붓고 자기의 머리털로 그 발을 씻은 것이다(요 12:3).

마리아는 사랑하므로 자기가 갖고 있는 가장 값진 것을 예수를 위해 썼다. 마리아는 사랑하기 때문에 주변 사람들의 눈에도 아랑곳하지 않고 여성으로 가장 귀히 여기는 머리털로 예수님의 발을 씻었다.

당시에는 머리를 푼 채 공중 앞에 나설 수 없는 것이 관습이었다. 그러나 주를 향한 진실하고 순전한 사랑은 그녀로 하여금 관습이나 이목에도 거리끼지 않는 헌신을 표시하도록 한 것이다.

예수님에 대한 신앙은 곧 그에 대한 사랑이다. 그것은 무조건적이어야 하며, 자신을 낮추는 겸손한 것이어야 한다. 베다니의 삼 남매는 실로 예수님에 대한 사랑을 모범으로 보인 자들이다. 우리도 그들처럼 주님에 대한 사랑을 구체적으로 실천해 보는 신앙을 가져야겠다.

수가 성 우물가의 사마리아 여인

[요 4:5~30]

사마리아는 헬라어로 '감시', '감시의 산' 이라는 의미를 갖고 있다. 유대 나라는 크게 세 지역으로 나누는데 남쪽의 유대, 북쪽의 갈릴리, 그리고 이 둘 사이에 있는 사마리아이다. 이것을 구체적으로 살펴보면 사마리아는 중앙 팔레스틴에 있으며, 예루살렘 북쪽 약 56㎞, 지중해에서 약 33㎞ 내륙으로 들어간 지점에 있는 한 구릉을 점하고 있다. 전략적으로 방어하기에 안성맞춤이어서 구약 시대 때 북왕국 이스라엘의 수도로 오므리에 의해 건설되고 그 아들 아합에 의해 수도가 되었다(왕상 16:24).

B.C. 721년 앗수르의 사르곤 2세에 의해 북왕국이 정복당한 후 이방인들이 옮겨 살아 자연히 혼혈로 유대교의 정통을 어기게 되었다(왕하 17:24~40). 이로써 갈릴리와 유대는 가까이 지냈지만 사마리아는 멸시받고 수백 년 동안 서로 상종하지 않았다(요 4:9).

바벨론 포로에서 귀환한 유대인들이 성전을 재건할 때 사마리아인의 협조를 거절했고, 이 때부터 시작된 분쟁은 결국 사마리아 사람들이 성경을 모세 5경(토라)만 인정하고 자신들의 성전을 그리심 산상에다 세워 독자적으로 예배를 드림으로써 더욱 견원지간이 되었다.

그래서 유대인이 갈릴리로 갈 때 사마리아를 경유하지 않고 요단강을 건너 돌아가곤 한 상황에서 예수님의 일행도 유대인의 슈관에 따라 다닌 듯하고(마 19:1, 눅 17:11), 사마리아를 통과한 것은 한 번

뿐이었던 것 같다(요 4:4~9). 이 때 수가 성 여인은 예수님을 만났다.

첫째, 예수님과 만난 사마리아 여인

예수님의 일행이 갈릴리로 가는 도중 질러가기 위해 사마리아의 수가 성에 가까이 왔을 때, 제자들은 먹을 것을 구하기 위해 마을로 들어갔고 예수께서는 여독을 풀기 위해 우물가에서 쉬고 계셨다. 6시쯤 한 여인이 우물가에 왔다. 제6시란 12시 정각으로 이 시각은 물을 긷는 시간도 아니었고 그 우물도 마을에서도 멀리 떨어진 곳이었다. 그러므로 이 여인은 남의 눈을 피해서 물을 길어야 할 형편에 있는 여인이라는 것을 알 수 있다.

아무도 없는 줄 알고 간 그녀는 어떤 사람이 우물가에 앉아 있다가 스스럼없이 말을 걸어 왔으므로 놀라 유대인이 어찌 사마리아 여자에게 물을 달라느냐 물었다(요 4:9). 그러나 예수님은 지역 간이나 인종 간, 성의 차별을 두는 장벽을 뛰어넘어 오히려 실존적 문제인 이 여인의 영적인 목마름을 간파하시고 물었다.

"네가 만일 하나님의 선물과 또 네게 물 좀 달라 하는 이가 누구인 줄 알았더라면 네가 그에게 구하였을 것이요 그가 생수를 네게 주었으리라"(요 4:10). "내가 주는 물을 마시는 자는 영원히 목마르지 아니하리니 내가 주는 물은 그 속에서 영생하도록 솟아나는 샘물이 되리라"(요 4:14). 이것은 인생의 목마름을 느낀 자에게 보내는 예수님의 초청장이었다.

여인은 지금까지 땅에서 그 갈증을 해소하려 했으나 실패만 하였다. 왜냐하면 인간의 욕구란 끝이 없으며 인간은 그 마음에 창조주 하나님을 모시기 전에는 참 만족을 얻을 수 없는 피조물이기 때문이다. 이제 주님은 이 여인에게 하늘의 생수로 영혼의 갈증을 풀도록 길을 제시하여 주었다.

둘째, 생수를 얻은 사마리아 여인

인생의 갈증으로 고독과 소외 속에서 살고 있던 이 여인은 생수라는 말에 민감한 반응을 보였다(요 4:15). 그러나 세상적인 물로 이해하는 여인에게 예수께서는 "네 남편을 불러오라"(요 4:16)며 그 여인의 도덕적인 문제를 지적하셨다.

예수께서는 생수의 은혜를 부여하시기 위하여 그녀의 생활 속에 잠복하여 있는 죄를 지적하여 회개를 촉구하지 않으면 안 되었던 것이다. 자기의 심령과 과거의 생활까지 꿰뚫어 보시는 주님의 통찰력에 그녀는 충격을 받았고, 이분은 보통 사람이 아니라 '선지자'라고 생각하였다. 그래서 영적인 문제로 예배 장소에 대해 물었는데 예수님이 답하셨다.

"…이 산에서도 말고 예루살렘에서도 말고 …하나님은 영이시니 예배하는 자가 영과 진리로 예배할지니라"(요 4:21~24). 메시야에 대하여 묻는 여인에게 예수께서는 내가 바로 그로라 하시면서 증거하셨다. 그 순간 그녀의 심령 속에 영생토록 솟아나오는 샘물이 터지기 시작했다. 우리는 그리스도를 바로 알고 참 마음으로 그에게 나아가면 생수를 얻을 수 있다는 것을 이 여인을 통해 알 수 있다.

셋째, 복음을 전파한 사마리아 여인

사람 만나기를 꺼려하며 좌절 속에 빠져 있던 이 여인의 가슴속에는 이제 무언지 새로운 것이 솟구치게 되었다. 삶의 진정한 가치를 발견한 것이다.

예수님의 말씀을 전해 들은 사마리아 여인은 그냥 있을 수가 없어서 물동이를 우물가에 버려두고 뛰어가 만나는 사람마다 그리스도를 만나러 와 보라고 외치며 그리스도를 증거하기 시작했다(요 4:29). 자기를 무시하던 동네 사람들에게 담대히 증거한 것이다. 전도를 받은 수가 성 사람들은 떼를 지어 예수께로 나와 이틀 동안 귀한 말씀을 듣고 예수님을 구주로 고백하였다. 소외된 땅 사마리아는 죄 많은 한 여인을 통하여 하나님의 백성의 땅으로 탈바꿈한 것이다.

아무리 죄 많은 사람이라도 그리스도를 만나면 그의 인생 전체가 변화된다. 한 여인을 통하여 수가 성이 복음화되었듯이 주님은 나를 통하여 내 가정과 사회와 나라를 복음화시키고자 하신다.

우리 마음속에 예수를 모셔서 삶의 가치와 존재와 의미를 발견하였다면 우리도 즉시 예수를 구세주로 증거하며 외쳐야 할 것이다.

최초의 순교자 스데반

[행 7:54~60, 6:1~15]

스데반은 헬라어로 '면류관', '왕관'이라는 뜻이다. 그는 초대 예루살렘 교회가 구제 사업을 감독하기 위해 뽑은 일곱 집사 중의 한 사람으로(행 6:5), 믿음과 성령이 충만하여 놀라운 이적을 행하였다(행 6:8~10). 그는 사도도 아니요 기름부음 받은 교역자도 아닌 평신도인 집사에 불과했지만 그의 놀라운 변론(설교)은 가히 폭발적이었다(행 7:2~53). 이 때 핍박자들은 이를 갈면서 그를 성 밖으로 끌어내어 돌로 쳐 죽였다(당시 로마 정부의 허가 없이 사형하는 것은 유대인에게 금지된 불법 행위다). 스데반은 자제심을 잃은 무리에 의해 기독교의 첫 순교자가 되었다.

첫째, 믿음과 성령이 충만한 스데반

오순절 성령강림 이후로 초대교회가 놀라울 만큼 성장하였기 때문에 사도들만으로는 모든 일을 다 감당할 수가 없었다. 그래서 사도들은 집사를 일곱 택하여 교회 일을 돕게 하였다. 스데반은 그 일곱 집사 중 한 사람이다.

성경은 그에 대해 말하기를 "믿음과 성령이 충만한 사람"(행 6:8)이라는 표현을 썼다. 그는 자기 임무에 충실하여 가난한 자들을 구제하고 위로해 주며 병든 자를 돌봐 주었으며, 슬픔과 불행에 처한 사람들에게는 희망을 주고 핍박받는 형제들에게는 신앙의 용기를 북돋워 주었다. 그는 목회자가 아닌 평신도였으나 불신자를 찾아

다니며 성경을 가르치고 전도하며 회개하여 그리스도를 영접하도록 하였다. 복음의 증거는 사도들만이 담당하는 것이 아니다. 오히려 '믿음과 능력이 충만한' 평신도는 더욱 큰 증거자가 될 수 있다.

믿음이 있는 그에게 하나님의 능력이 주어졌고 그는 빌립이 행하였던 것처럼 큰 기사와 이적을 행하였다. 우리는 모두 복음을 들고 나가 증거해야 할 책임이 있는 평신도 사역자들이다. 스데반처럼 믿음이 확고하며 성령이 충만한, 능력 있는 일꾼들이 되어야겠다.

둘째, 담대하게 하나님의 말씀을 증거한 스데반

스데반 집사가 성령이 충만하여 많은 일을 하게 되자 그를 미워하는 사람들이 많아졌고 그들은 거짓 증인을 내세워 길리기아 회당에서 스데반과 서로 변론하게 하였다(행 6:9~14). 그러나 스데반은 학자이며, 지혜와 성령이 충만하므로 유대교 지도자는 자신들의 논리로 당해 낼 수 없었고 대답도 할 수 없었다.

"목이 곧고 마음과 귀에 할례를 받지 못한 사람들아 너희도 너희 조상과 같이 항상 성령을 거스르는도다"(행 7:51). 스데반의 증거는 구약의 역사를 믿음의 조상 아브라함부터 시작하여 논리정연, 일목요연하게 증거하고 회개를 촉구하는 내용이었다(행 7:1~53).

그리스도로 오신 예수님을 십자가에 못 박아 죽게 한 것은 바로 유대인 지도자들이라고 선언했다. 스데반이 말씀을 조리 있게 담대히 증거할 수 있었던 것은 그만큼 그가 말씀을 사모하고 가까이했다는 증거다. 영적인 담대함은 말씀의 능력에서 비롯된다. 하나님의 말씀인 성경을 늘 가까이하고 마음판에 새겨 둘 때 확신 있는 생활 태도를 갖게 되고 강한 영력을 지니게 된다.

셋째, 최초의 순교자 스데반

스데반 집사가 지혜와 성령으로 말하므로 반박할 수 없게 되자 유대인들은 마음에 찔려 그에 대한 미움이 극도로 달하였고 마침내 그를 죽이기로 작정하였다. 그들은 스데반을 체포하여 성 밖으로 끌고 나와서 유대교 법에 따라 처형하였다. 거기서 그들은 수많은 돌을 던져 돌무더기를 만들어 놓았다. 스데반은 돌에 맞아 죽으면서도 그리스도에 대한 믿음과 소망을 버리지 않았다. 그의 얼굴에는 남을 원망하거나 공포감 같은 것이 전혀 없었다. 오히려 천사처럼 빛나는 얼굴이었다(행 6:15).

"말하되 보라 하늘이 열리고 인자가 하나님 우편에 서신 것을 보노라 한대"(행 7:56). "…주 예수여 내 영혼을 받으시옵소서 무릎을 꿇고 크게 불러 이르되 주여 이 죄를 그들에게 돌리지 마옵소서 이 말을 하고 자니라"(행 7:59~60). 믿음으로 영혼을 주님께 맡겼다. 그의 얼굴은 하나님의 영광으로 빛났다. 또 원수를 사랑하는 유언을 남기고 잤다. '잤다' 라는 말은 기독교의 육체적 죽음을 설명하는 말로 그의 육신은 잠들었을지라도 영혼은 그리스도께서 받은 것을 의미한다. 그의 죽음이 얼마나 거룩한 것이었으면 주님께서 하나님 우편에 '서서' 지켜보셨다고 기록될 정도였다.

복음 전파를 위해서는 어떤 희생도 감수하여야 한다. 죽임을 당하면서까지도 이웃 사랑의 기도를 드린 스데반의 신앙은 모든 신앙인의 귀감이 된다. 복음을 위해 순교한 스데반이 하늘나라에서 '생명의 면류관' 을 상급으로 받은 것처럼 복음 전도지인 우리 또한 스데반처럼 희생과 순교의 정신으로 생활할 때 '의의 면류관' 이 주어질 것이다.

전도 집사 빌립

[행 8:1~40]

빌립은 헬라어로 '말(馬)을 사랑하는 자' 라는 뜻이다. 빌립은 스데반과 함께 초대교회 일곱 집사 중 하나로 전도 사명을 받아 열심히 활동한 자다(행 6:5). 예수님의 12 제자 중 하나인 빌립과는 다른 인물이다. 스데반의 순교 이후 예루살렘의 교회가 큰 박해를 당하자 사도들 외에는 다 유대와 사마리아로 흩어졌는데, 이 때 빌립도 사마리아로 가서 복음을 전하였다. 그 후 가이사랴에 거하였는데 바울이 최후로 예루살렘에 올라갈 때 빌립의 집에서 묵었다. 그에게는 예언하는 유명한 네 딸이 있었다(행 21:8~9).

첫째, 믿음과 성령이 충만한 빌립

빌립은 스데반 집사의 첫 순교에 이어 큰 박해가 있었을 때, 전도의 사명을 받아 성령이 충만하여 사마리아로 내려가서 다음과 같은 일을 하였다.

1. 복음을 증거하였다. 그는 매우 단순하게 예수 그리스도 안에 있는 하나님의 사랑의 복음을 사실대로 전했다.

2. 병을 고쳐 주었다. 많은 사람에게 붙어 있던 더러운 귀신들이 크게 소리를 지르며 나가고 또 많은 중풍병자와 앉은뱅이가 낫는 표적이 나타났으므로 그것을 본 사마리아인들은 일심으로 빌립을 좇았다(행 8:5~6).

3. 이런 사역으로 사마리아인들에게 이 전에는 알지 못했던 기쁨

이 전파되었다. 어두운 분위기를 가져 오는 기독교는 거짓 기독교이다. 진정한 기독교가 전해지는 곳에서는 어디에나 기쁨이 충만하게 되는 것이다.

둘째, 마술사 시몬을 그리스도께로 인도한 빌립

빌립이 사마리아에서 전도할 때 마술사 시몬을 세례까지 받게 한 내용이 나온다(행 8:9~13). 당시 초대교회 주변에는 점성가, 마술사, 점술가 등이 많이 있었다. 그들 대부분은 남을 속이기 전에 자신을 속였고, 자신들의 힘을 믿고 있었다. 그러나 빌립의 표적과 능력에 시몬은 놀라 굴복하여 빌립을 따라다녔다. 하나님의 능력은 거짓 술사들을 굴복시키는 힘이 있다. 놀란 시몬은 하나님의 권능을 돈 주고 사려고까지 했다가 큰 책망을 받기도 했다(행 8:14~24).

셋째, 에디오피아 내시에게 전도한 빌립

빌립은 자기의 뜻대로 복음을 전하지 않고 성령께서 이끄시는 대로 순종하여 복음을 전했다. 빌립은 주의 사자가 지시하는 대로 예루살렘으로 예배하러 갔다가 돌아오는 에디오피아 여왕 간다게의 국고를 맡은 큰 권세 있는 내시에게 그리스도의 복음을 증거하였다(행 8:26~39). 간다게란 에디오피아의 여왕들의 칭호인데 그의 국고를 맡은 이 내시는 마차에서 이사야 53장의 내용을 읽고 있다가 빌립을 만나게 된 것이다. 거기서 빌립은 그 내용이 누구를 가리키며 또 예수 그리스도가 누구인지를 보여 주었다. 내시는 즉시 세례를 받기 원했고 빌립은 세례를 주었다. 세례(침례)란 무엇인가?

1. 깨끗이 씻음을 상징한다. 인간의 영혼은 이 세례를 통하여 그

리스도의 은혜 속에서 목욕을 하는 것이다.

2. 생의 분기점을 제시해 준다. 과거의 어두운 기억과 죄를 씻고 새 출발을 하게 해 준다.

3. 세례는 그리스도와의 진정한 결합이다. 세례를 위한 전제 조건은 예수님께 대한 신앙과 절대적인 순종이다. 이 내시는 귀국하여 에디오피아뿐 아니라 아프리카 동북을 전도했다고 한다. 받은 은혜는 증거되어야 한다. 그리스도의 복음은 만민을 위한 것이기 때문이다.

그러나 그 전달자에게 큰 자격이 있어야 하는 것은 아니다. 빌립에게는 다만 지혜와 믿음과 성령의 충만함이 있었을 따름이다. 복음의 전달은 지식의 전달과는 다른 것이다. 거기에는 반드시 성령의 힘이 있어야 한다. 만일 기독교인들이 그리스도의 영, 곧 성령이 없는 정치와 사회 개혁과 문학과 신학만을 논한다면 교회는 단지 도덕과 수양의 처소로 전락될 뿐이다. 전하는 말씀에 하나님의 능력이 함께할 때 수많은 사람들이 회개하고 예수를 믿게 되는 것이다.

신실한 믿음과 성령이 충만한 자라야 하나님의 일을 할 수 있다. 위로부터 주시는 하나님의 능력을 받은 때의 빌립은 유대인들과의 관계가 좋지 않은 사마리아 성에도, 마술사 시몬에게도, 한 나라의 재상에게도 담대히 복음을 전할 수 있었다.

사명자들에게 필요한 것은 성령의 인도하심을 구하는 기도와 그의 음성에 순종하는 것뿐이다. 전도하는 일에 어떤 인간적인 자격이 필요한 것은 아니다. 오직 예수께서 그리스도임을 확실히 믿고 또 우리를 위해 죽으셨다가 사흘 만에 부활하신 것을 믿기만 하면 어느 곳에 가든지 복음을 전할 수 있는 것이다.

이방인의 사도 바울

[행 9:1~22]

바울이라는 이름은 헬라어로 '작은 자'라는 뜻으로 라틴어 파울루스(Paulus)의 음사로서 가명(家名)이고, 개종 전의 히브리 이름은 사울로서 '여호와께 구했다'라는 의미이다. 예수 그리스도께서 특별히 선택한 이방인을 위한 사도이다(행 9:15).

바울은 소아시아 동남부 연안 지대인 길리기아의 다소에서 출생하여 15세쯤부터 당시 최고의 율법학자인 가말리엘의 문하에서 공부했다.

성인이 되어 유대교 교법사가 되어 기독교를 박해했으나 회심한 후(행 9:3~5) 오직 '그리스도의 종'으로 평생을 독신으로 지내며 세 차례의 전도 여행으로 기독교의 세계적 종교화를 위해 공헌했으며, 그의 심원하고 논리정연한 서신을 보면 뛰어난 사상가, 이론가의 위대성을 보여 주고 있다.

첫째, 박해자 유대 청년 사울

바울은 유대인이면서 로마의 시민권을 가지고 있었고(행 22:25~29), 가말리엘의 문하에서 유대 율법의 엄한 교훈을 받았고(행 22:3), 8일 만에 할례를 받은 이스라엘 베냐민 지파요, 히브리인 중의 히브리인으로 열심히 교회를 핍박하고 율법의 의로는 흠이 없는 자였다(빌 3:5~6).

그는 유대인의 한 사람으로서 그리스도를 배격하였으며 스데반을 돌로 칠 때에 그 자리에 있었고(행 7:58), 그의 죽음을 마땅히 여겼다(행 8:1).

그러나 A.D. 34년경 다메섹 성의 그리스도인들을 체포하러 가는 도상에서 홀연히 하늘에서 빛과 소리가 들리면서 부활하신 예수를 만난 후 회개하여 기독교로 개종하였다.

둘째, 회심한 후의 바울

다메섹에서 회심한 바울은 그곳의 각 회당에서 예수가 하나님의 아들이심을 전파하여 듣는 사람들이 다 놀라게 되었다(행 9:19~22). 또 아라비아 광야에서 기도하며 많은 신령한 은혜를 체험하였다(갈 1:17, 고후 12:1~6). 3년 만에 예루살렘을 방문하여 복음을 전하다 유대인들의 핍박을 받았고, 박해를 피하여 다소에 있었고(행 9:29~30), 후에(A.D. 40년경) 바나바와 함께 안디옥으로 가서 그리스도의 진리를 가르치고 전도하였다(행 11:25~26). 다섯 차례나 예루살렘을 방문하면서 바울은 점점 더 심한 박해를 받을수록 더욱더 굳건해져 갔다(행 20:22~24).

셋째, 전도생활을 하는 바울

바울은 자신을 복음을 전할 수밖에 없는 자라고 고백한다. 왜냐하면 전하지 아니하면 화가 있을 것이기 때문이다(고전 9:16). 그는 더 많은 사람들을 얻고자 자신을 모든 사람에게 종 된 자처럼 여겼고(고전 9:19~22), 3차에 걸친 전도 여행을 손수 장막을 만들어 팔아 자비량으로 했다.

제1차는 A.D. 44년경에 바나바와 함께하였고 마가가 조수로 따랐다(행 13~14장). 안디옥 → 구브로 → 버가 → 비시디아 → 이고니온 → 루스드라 → 더베 → 안디옥

제2차는 A.D. 51~52년경에 실라와 동행하다 후에 디모데도 가담했다(행 16~18장). 수리아 → 브리기아 → 갈라디아 → 마게도니아 → 빌립보 → 아덴 → 고린도 → 에베소 → 안디옥

제3차 여행은 A.D. 55년경에 있었는데 에바브라도 참여했다 (행 19~20장). 브리지아 → 에베소 → 아시아 일곱 교회 → 마게도니아 → 헬라 → 두로아 → 밀레도 → 두로 → 가이사랴 → 예루살렘

교통수단이 발달되지 않아서 불편했던 시대에 수륙 일만 육천 리를 여행하며 전도하였던 사도 바울의 여행 행로는 그의 전도열이 얼마나 대단하였는가를 보여준다.

넷째, 순교자 바울

바울은 오로지 복음을 위해서 죽음까지 각오한 자였다. 그는 예루살렘에 올라가서 유대인들에 의하여 많은 박해를 받고 생명의 위험을 느끼도록까지 폭행을 당하였으나(행 21:30~36) 그들 앞에서도 담대히 그리스도의 복음을 증거하였다(행 21:37~26:29).

유대인의 소송으로 재판받을 때 바울은 로마의 시민권을 소유하고 있었으므로 로마 황제 가이사에게 가게 되었다.

B.C. 63년경에 로마에 도착한 바울은 옥중에서도 복음을 전하였고 몇 년 후인 B.C. 67년경 네로 박해 시에 칼로 목베임을 당해 순교하였다(에우세비오스는 A.D. 67년, 히에로님스는 A.D. 68년으로 기록하고 있다).

바울은 1, 2, 3차 전도여행을 통하여 수많은 사람에게 복음을 전

하며 가는 곳마다 교회를 세우고 13편의 서신을 기록하여 이단이 성행하던 당시에 기독교의 올바른 진리를 가르쳤으며 교회가 바르게 성장하도록 권면하고 격려했다.

그는 거의 모든 도시에서 박해를 받았고, 여러 번 사람들에게 조롱당하고 죽을 뻔했으며, 매를 맞고 채찍질 당하고 돌에 맞고 여기 저기로 끌려 다녔으며(고후 11:23~27), 육신의 가시(고후 12:7)를 갖고 있으면서도 오직 주의 영광을 위하여 이 모든 고통을 견디어 내었다.

그리스도를 알기 전 주를 비난하며 박해했던 바울을 주께서는 오히려 복음 증거자로 세우셨다. 오늘을 사는 우리도 어떤 환난이나 핍박이나 위험이 그리스도의 사랑에서 끊을 수 없는 것을 믿고 성도의 사명을 다하자(롬 8:35~39).

경건한 로마 백부장 고넬료

[행 10:1~17]

고넬료는 헬라어로 '뿔', '경건', '능력' 이라는 의미를 가지고 있다. 고넬료는 가이사랴에 주둔하던 로마군의 이탈리아 영문의 백부장으로 경건한 자이다(행 10:1). 이방인으로는 처음으로 성령 세례를 받았으며 그리스도인이 되었다(행 10:47~48).

그러나 당시 교회의 지배 세력인 유대주의자 사이에 문제가 되어 베드로가 이 일을 변명키 위해 불려 나갔고, 베드로는 고넬료의 환상과 부어진 성령을 근거로 해명했다(행 11:2~18).

바울이 다메섹 도상에서 예수를 만난 후에, 그와 다른 제자들이 환난과 핍박에도 불구하고 열심히 복음을 전하므로 곳곳에 교회가 서고 믿는 자가 점점 증가하였다. 그러나 전도 지역은 유대와 사마리아를 중심으로 한 지역에 그쳤었다. 그런데 바로 이 고넬료 가정이 복음화된 것을 기회로 이방 지역에도 복음이 들어가게 된 것이다.

첫째, 백부장 고넬료의 인간성

1. 경건한 사람이었다. 고넬료에 대하여 성경은 "그가 경건하여 온 집안과 더불어 하나님을 경외하며"(행 10:2)라고 했다. 그는 유대인이 아닌 이방인이었고 로마군대 장교였지만 하나님을 두려워할 줄 아는 신실한 사람이었다.

2. 백성들을 많이 구제하였다. 고넬료는 경건한 신앙생활을 하였

을 뿐 아니라, 식민지 백성인 유대인들을 착취하기커녕 오히려 힘닿는 대로 불쌍한 사람을 도와주었던 것이다. "구제를 좋아하는 자는 풍족하여질 것이요 남을 윤택하게 하는 자는 자기도 윤택하여지리라"(잠 11:25).

3. 항상 기도 생활을 하였다. "그가 경건하여… 하나님께 항상 기도하더니… 네 기도와 구제가 하나님 앞에 상달되어 기억하신 바가 되었으니"(행 10:2~4).

그의 기도 생활은 경건한 신앙생활의 활력소가 되었다. 성도는 항상 기도할 때에 신앙생활에 활기가 있으며 승리를 얻게 된다. 고넬료의 기도와 구제가 하나님께 상달되었다고 했다. 하나님께 드리는 기도는 결코 잊혀지지 않음을 기억하자.

4. 믿음으로 하나님께 순종하였다. 계속해서 천사는 "네가 지금 사람들을 보내어 베드로라 하는 시몬을 청하라"고 명했고 고넬료는 곧 집안 하인 둘과 부하 가운데 경건한 사람 하나를 불러 이 일을 다 이르고 욥바로 보냈다.

순종은 겸손에서 비롯된다. 그는 천사의 말을 하나님 말씀으로 믿었고 지체하지 않고 그대로 행하였다.

"…고넬료가 맞아 발 앞에 엎드리어 절하니"(행 10:25) 고넬료는 겸손한 사람이었다.

둘째, 베드로와 고넬료의 만남

베드로는 고넬료와 그의 친구들 앞에서 예수의 교훈과 십자가의 죽음과 부활, 구원의 도리에 대한 복음의 진리를 자세히 이야기해 주었다.

그가 성령에 힘입어 담대히 복음을 증거할 때에 모든 사람에게 성령이 임하시어 방언을 하고 하나님께 영광을 돌렸다(행 10:44). 그리고 고넬료와 그 일행에게 예수의 이름으로 세례를 주었다(행 10:48).

우리는 고넬료의 이야기에서 중요한 교훈을 찾을 수 있다. 즉 하나님은 이방인도 사랑하신다는 것이다. 우리는 아브라함의 자손, 곧 '선택받은' 유대인이 아닌 이방인이다. 그러나 하나님은 아브라함을 선택할 때 그로 말미암아 천하 만민이 복을 받게 될 것이고, 여호와의 도를 지켜 의와 공도를 행하게 하려고 택했다며(창 18:18~19) 선택의 이유를 밝히셨다.

이방인인 고넬료에게 은혜를 주신 하나님은 이방인인 우리에게도 아들 예수를 믿는 믿음으로 의에 이르는 은총을 주신 것이다. 우리는 이방인 고넬료가 신실한 믿음으로 하나님을 경외하였을 때 그로 말미암아 그의 일가와 친구들이 구원받을 수 있었음을 상기하자.

바울의 동역자 의사 누가

[눅 1:1~4]

누가는 헬라어로 '빛나다', '빛을 주다'의 뜻으로 라틴어 '루카누스'의 약칭이다. 누가는 예수님의 제자도 아니었고 복음의 사건들을 직접 본 적이 없는 헬라인이었다(골 4:14).

그러나 바울에 의해서 회심한 후 바울과 같이 빌립보로, 예루살렘으로, 로마로 전도 여행을 하였다(딤후 4:11). 훌륭한 의술로 바울의 병을 치료했을 것이며(고후 12:7), 바울의 최후를 지켜 본 자로서 그의 저작인 누가복음과 사도행전에 나타나는 아름다운 문체와 웅변술, 그리고 철학적 자질을 갖춘 주님의 종으로 바울은 그를 '나의 동역자'라고 불렀다(몬 1:24).

첫째, 의사 출신 누가

골로새서 4장 14절에 보면 사도 바울이 "사랑을 받는 의원 누가와 또 데마가 너희에게 문안하느니라"고 쓰고 있다. 누가는 다소에서 의료업을 하던 의사로서 사도 바울의 전도를 받고 예수를 믿었다. 누가복음에는 의학적 용어들이 약 50여 번 나온다. 메기(MeGee)는 말하기를 "누가는 히포크라테스보다 더 많은 의학 용어들을 사용하였다"고 했다.

누가는 바울의 약한 건강을 지탱시켜 주었을 뿐 아니라 그의 수명도 연장시켜 주었을 것이다. 그러면서 그는 그들의 여행 기간 동안 때때로 의사 영업을 하면서(행 28:8~10) 노동도 하고 보수도 받았으며 바울과 함께 설교의 노고도 함께 가졌다(행 16:10~13). 그는 대학 과정을 수료한 최초의 의료 선교사였던 것이다. 하나님께서는 당신의 뜻을 이루시고 영광을 나타내시려 의사 누가를 택하여 부르셨다. 하나님은 각자의 재능에 따라 당신의 일을 맡기시는 것이다.

둘째, 바울의 동역자 누가

누가는 의료업을 하다 예수를 믿은 후에 선교의 사명을 느끼고 선교 사업에 헌신하게 되었다. 그는 바울의 사랑받은 동역자로서(골 4:14, 몬 1:24) 사도 바울이 허약한 몸으로 어려운 고난을 겪으며 전도하는 것을 보고 바울의 전도 여행에 동행하면서 바울의 건강을 돌보아 주었다(고후 12:7, 갈 4:13, 고후 11:23~30).

바울이 옥중에 2년 동안 있을 때 누가는 바다를 건너 가이사랴에 있었다. 사도행전 27장 1절에서 그들은 로마로 떠났다. 그들은 아피안 해로(Appian Way)를 따라서 로마에 도착했다. 거기서 바울은 재판을 받기 위해 갇혔다(빌 1:14).

디모데후서 4장 11절에 죽음을 목전에 두고 있는 바울은 "누가만 나와 함께 있느니라"고 했다. 누가에게서 우리는 변함없이 겸손하게 하나님의 영광만을 위하여, 모두가 떠났지만 끝까지 배신하지 않는 충성을 볼 수 있다.

셋째, 성경 기록자 누가

사도 바울의 제자이며 신앙의 동지이자 복음의 동역자였던 누가는 그리스도의 복음을 이방에 전하는 일에 바울과 최후까지 동행하면서 협조하였을 뿐 아니라 그의 명석한 두뇌와 훌륭한 문학적 재능을 주님의 복음사업에 바쳐 누가복음과 사도행전을 기록하였다(눅 1:1~3). 누가는 복음서를 기록할 때에 그리스의 귀족으로 보이는 데오빌로를 대상으로 기록하였다(A.D. 75년경). 그러나 이것은 데오빌로뿐 아니라 지혜를 자랑하는 그리스인들을 구원하기 위함이었다.

A.D. 80년경에는 사도행전을 기록했는데 데오빌로를 비롯한 그리스도인들에게 하나님의 성령의 역사하심과 사도들의 신앙과 전도 행적을 기록함으로써 그들의 신앙을 정적이고 이론적이며 소극적인 데서 동적이고 실천적이며 적극적인 신앙으로 이끌어 주려고 하였다.

누가복음이나 사도행전은 문장력이 뛰어나고 역사적 배경이나 보도에 정확성을 나타내고 있다. 전하는 말에 의하면 누가는 사도 바울의 신앙에 영향을 받아 일생 동안 결혼하지 않고 오직 복음 사업에 헌신하다 A.D. 88년경에 순교하였다고 한다.

누가는 자기의 의술과 글 쓰는 재능 등 모든 것을 주께 드려 주님의 영광을 위해 사용하였다. 오늘 우리 성도들도 주님의 영광을 위해 우리의 지식, 기술, 재능, 건강 등을 드려서 사용되도록 하자. 주께서 우리의 소유를 사용하셔서 주님의 복음 사업과 영광을 위해 쓰도록 헌신하자.

"그러므로 형제들아 내가 하나님의 모든 자비하심으로 너희를 권하노니 너희 몸을 하나님이 기뻐하시는 거룩한 산 제물로 드리라 이는 너희가 드릴 영적 예배니라"(롬 12:1).

복음의 아들 디모데

[딤후 1:1~14]

디모데는 헬라어로 '하나님을 공경한다', '하나님의 영예' 라는 뜻을 가지고 있다. 부친은 헬라인이며 모친은 바울의 1차 전도 여행 때 기독교로 개종한 '유니게' 라는 유대인이다(행 14:6). 외조모 로이스도 루스드라에서 함께 살아 신앙이 돈독한 가정에서 자랐다(행 16:1, 딤후 1:5).

바울이 2차 전도여행 때 평판 좋은 그를 동반했으며(행 16:2~3), 수많은 곳에 복음을 전하고 마지막으로 예루살렘에 돌아올 때까지 동행했다(행 20:4). 죽음을 앞둔 바울은 그를 만나기를 간절히 바랐고(딤후 4:9, 21), 만년에 에베소의 감독으로서, 전설에 의하면 로마의 도미티안~네르바(A.D. 30~98) 황제 때 순교했다고 한다.

바울이 디모데를 얼마나 사랑하고 신임했는지는 빌립보서 2장 19절 이하를 보면 여실히 나타나 있다.

첫째, 경건한 신앙의 교육을 받은 디모데

바울은 2차 전도 여행 중에 디모데를 만났는데 이미 그의 어린 시절을 알고 있었다(행 16:1). 디모데는 어린 시절부터 어머니와 외조모에게서 성경 말씀과 믿음 있는 삶을 살도록 교육 받았다. 바울은 비록 나이는 어리나 그에게 함께 사역에 참여할 것을 요청했다. 그의 뿌리 깊은 신앙에 대해 믿는 바가 있었던 것이다. 부모들이 자녀를 어릴 적부터 신앙과 진리 안에 양육하는 일은 중요한 것이다.

둘째, 믿음의 형제들에게 칭찬받은 디모데

디모데는 루스드라와 이고니온에 있는 형제들로부터 칭찬을 받는 자였다. 그리스도인들은 열심 있는 신앙생활 때문에 믿지 않는 자들에게 핍박을 받기도 하지만 바로 그 열심 때문에 믿음의 형제들에게서는 칭찬을 받게 된다.

디모데가 사람들에게 인정과 칭찬을 받게 된 것은 그의 거짓 없는 진실한 신앙 때문이었다(행 16:2~3). 그의 열심은 생활에서의 실천으로 연결되었고 모든 믿는 자의 모범이 되었다. 예수 그리스도로 인한 환난과 핍박은 받을지라도 생활의 불일치로 지탄 받는 일은 없었다.

기독교인은 모든 면에 있어서 흠 없이 정결하며 신실하고 경건해야 한다. 행함 없는 믿음이란 죽은 믿음이요, 언행이 일치되지 않은 믿음은 참 믿음이 아니기 때문이다.

셋째, 복음으로 낳은 아들 디모데

바울은 고린도전서 4장 17절에 "내가 주 안에서 내 사랑하고 신실한 아들 디모데를 너희에게 보내었다"고 하였다. 그는 디모데를 아들이라고 불렀는데, 이는 그가 디모데에게 복음을 전하여 그리스도를 믿게 하였으므로 복음으로 낳은 아들이라는 의미이다.

디모데는 A.D. 48년 바울이 루스드라에서 전도할 때에 유대교에서 기독교로 개종하여 그리스도 예수를 믿었다. 바울은 그에게 2편의 서신을 보내면서 아들이라는 표현을 썼다(딤전 1:2, 딤후 1:1~2).

디모데는 그 후 51년 바울의 두 번째 루스드라 방문 때에는 바울을 따라 전도 사업에 헌신하기로 작정하고 장로회에서 사역 안수를 받은 후(딤전 4:14) 바울의 동역자가 되어 소아시아, 헬라, 마게도니아, 로마 등지에서 복음을 전하였으며 바울과 같이 로마 감옥에 갇히기도 하였다(행 16:3, 17:14~15, 롬 16:21, 고후 1:1, 19). 로마 감옥에서 석방된 후에는 바울의 후임으로 에베소에서 사역을 하였다.

바울은 디모데를 사랑하는 아들같이 다정하게 불렀고, 동역자로 함께 복음을 전할 때에는 큰 기쁨과 위로를 얻었다. 자기는 비록 옥중에서 최후를 맞이할지라도 사랑하는 믿음의 아들 디모데가 뒤를 이어 후임 목회를 하게 되므로 더욱 하나님께 감사할 수가 있었다.

디모데 역시 바울을 아버지처럼 사랑하고 공경하면서 믿음의 아버지 된 바울을 끝까지 섬겼고 바울의 동역자로서, 그리고 그의 후임자로서 최선을 다하였다(딤전 4:12). 그의 책임은 막중했다. 그는 교회의 질서를 유지시켜야 했고 배교적 사상으로부터 교회를 보호해야만 했다(딤전 3~4장).

우리의 복음 전도로 그리스도인이 된 자는 곧 우리의 믿음의 자녀이다. 우리 또한 열심히 복음을 심어 믿음의 자녀를 많이 낳도록 하자. 그리고 아들같이 사랑하며 신앙으로 지도해 주도록 하자. 기도로 그들을 돕자. 그러면 우리는 감격스런 기쁨과 보람을 체험하게 될 것이다.

"눈물을 흘리며 씨를 뿌리는 자는 기쁨으로 거두리로다 울며 씨를 뿌리러 나가는 자는 반드시 기쁨으로 그 곡식 단을 가지고 돌아오리로다"(시 126:5~6).